DROEMER

Von Albert Kitzler sind bei Droemer
die folgenden Titel erschienen:

Philosophie to go
Weisheit to go
Wie lebe ich ein gutes Leben?
Denken heilt!
Vom Glück des Wanderns

ALBERT KITZLER

NUR DIE RUHE!

Einfach gut leben
mit Philosophie

DROEMER

Besuchen Sie uns im Internet:
www.droemer.de

Aus Verantwortung für die Umwelt hat sich die
Verlagsgruppe Droemer Knaur zu einer nachhaltigen Buchproduktion verpflichtet.
Der bewusste Umgang mit unseren Ressourcen, der Schutz unseres Klimas und
der Natur gehören zu unseren obersten Unternehmenszielen.
Gemeinsam mit unseren Partnern und Lieferanten setzen wir uns für eine
klimaneutrale Buchproduktion ein, die den Erwerb von Klimazertifikaten zur
Kompensation des CO2-Ausstoßes einschließt.
Weitere Informationen finden Sie unter: www.klimaneutralerverlag.de

MIX
Papier aus verantwortungsvollen Quellen
FSC www.fsc.org
FSC® C083411

Originalausgabe April 2021

Ein Imprint der Verlagsgruppe
Droemer Knaur GmbH & Co. KG, München

Redaktion: Dr. Susanne Schackert
Covergestaltung: ZERO Werbeagentur, München
Coverabbildung: Shutterstock.com / New Africa
Satz: Adobe InDesign im Verlag
Druck und Bindung: CPI books GmbH, Leck
ISBN 978-3-426-27830-7

2 4 5 3 1

Das Buch ist all denen gewidmet,
die es durch ihre Spenden ermöglicht haben,
dass ein »Haus der Weisheit« entstehen konnte
und MASS UND MITTE,
die Schule für antike Lebensweisheit,
einen festen Sitz bekommen hat.

Besonderer Dank gilt Jürgen,
der die monatelangen Umbauarbeiten fachkundig,
mit großem Einsatz und stets guter Laune
mitorganisierte und leitete.

Das höchste Glück des menschlichen Lebens
liegt in der Seelenruhe.
Epikur[1]

Ist ein Tempel ohne Ruhe,
werden seine Götter ihn verlassen.
Altes Ägypten[2]

Der Weise ist ruhig und gelassen, die anderen sind
immer in Sorgen und Aufregung.
Konfuzius[3]

Durch Ruhe ruhig, wandelt man glückselig.
Upanishaden[4]

Die Aufgeregtheit aber richtet auf die Dauer zugrunde.
Zhuangzi[5]

Wer zu leben versteht, lebt ruhig, still und lange.
Der Gelbe Kaiser[6]

Wessen Sinne in Ruhe sind,
den beneiden selbst die Götter.
Buddha[7]

Inhaltsverzeichnis

Vorwort
Ein Kompass für ein gelingendes Leben

»Wollen wir ruhig leben, müssen wir beunruhigende Vorstellungen als Torheiten entlarven.«
Cicero[1]

Mein Name tut nichts zur Sache. Ich verschweige ihn, um auszuschließen, dass jemand sich oder einen Bekannten in den folgenden Dialogen, die auf tatsächlichen Beratungsgesprächen beruhen, wiedererkennt.

Ich muss ein paar Worte über die Entstehungsgeschichte dieses Buches sagen, das eher ein Bericht oder Protokoll ist und zum überwiegenden Teil gar nicht von mir stammt. Ich habe diese Gespräche nur aufgezeichnet. Lange lagen die beschriebenen Blätter in meiner Schreibtischschublade ohne Aussicht, jemals veröffentlicht zu werden. Mir kam gar nicht in den Sinn, diese Aufzeichnungen über sehr persönliche Probleme einem größeren Publikum zugänglich zu machen. Als sich später dieser Gedanke einstellte, hatte ich erst einmal größte Skrupel, dies zu tun. Die Geschichte ist nämlich folgende:

Achtzehn Jahre lang war ich Sekretär einer »Lebensberaterin« in einer deutschen Kleinstadt. Ich nenne sie einmal »Diotima«, denn diesen Namen hörte ich sie öfter mit großer Hochachtung aussprechen. Es scheint sich dabei um eine weise oder heilige Frau aus dem Altertum gehandelt zu haben. Meine Chefin war zuvor lange in anderen Bereichen tätig, in denen sie sehr viel reisen musste, vor allem auch ins Ausland. Das machte ihr große Freude, denn sie war immer sehr interessiert, Neues zu erfahren. Es gab kaum ein Land, von dem sie nicht höchst bemerkenswerte Dinge erzählen konnte.

Irgendwann hatte sie genug vom Reisen und von der Tätigkeit, der sie bis dahin nachging. Sie begann mit etwas völlig anderem. Sie ließ sich in meiner Stadt nieder und machte eine philosophische Praxis für allgemeine Lebensberatung auf. Ich wusste gar nicht, dass es so etwas gibt, obwohl es eigentlich logisch ist, haben doch viele Menschen Probleme mit dem Leben. Im Laufe der Zeit hatte sie sich einen gewissen Namen gemacht, sodass Menschen aus dem ganzen Land zu ihr kamen und ihren Rat suchten. Sie hatte weder eine psychotherapeutische Ausbildung noch Wurzeln in der religiösen oder spirituellen Seelsorge. Ihre Domäne, ja Leidenschaft, war die Philosophie und hier insbesondere die praktische Philosophie der Antike. Dabei sprach sie selten von »Philosophie«, dafür häufig von »Weisheit«, was bekanntlich ein Bestandteil des Wortes »Philosophie« ist, das »Liebe zur Weisheit« bedeutet. Sie sagte immer, dass in der Antike alles gesagt worden ist, was wir für ein gelingendes Leben wissen müssen, und zwar tiefer, klarer und breiter als in jeder anderen Epoche der Menschheit. Die Erfolge ihrer Beratungspraxis schienen ihr recht zu geben.

Interessant dabei war, dass sie in den chinesischen, indischen, ja selbst in den ägyptischen und orientalischen Weisheitslehren anscheinend genauso beheimatet war wie in der abendländischen Tradition, also vor allem in der griechisch-römischen Philosophie. Sie war der Überzeugung, dass wir überall, wo kluge Köpfe tief gedacht haben, im Wesentlichen auf dieselben Lebenslehren stoßen. Dies gelte jedenfalls im Hinblick darauf, was aus diesen Lehren für unsere Lebensführung folge und ob wir aus dieser alten Überlieferung überhaupt noch etwas lernen können. Davon allerdings war sie vollkommen überzeugt. Sie hatte offenbar auch moderne Lebensratgeber gelesen, von denen die Buchhandlungen ja voll sind, aber nie sei sie auf etwas gestoßen, was sie nicht schon bei »den Alten« – so nannte sie die Philosophen, Dichter, Denker und Heilige der Antike, auf die sie sich ständig berief – gelesen habe. Häufig sagte sie, sie schaffe mit ihrer Philosophie nichts Neues, sondern liebe das Alte und vermittle es nur. Die Lehren der antiken Denker knüpften wie die modernen an der Natur des Menschen, an seinen Bedürfnissen, Sehnsüchten, Gefühlen und Ängsten etc. an, und diese Natur habe sich in den letzten 5000 Jahren nicht geändert. Deshalb seien die Lehren antiker Weiser und Heiliger so aktuell wie eh und je. Es komme nur darauf an, ihren Wahrheitsgehalt herauszuarbeiten und diesen von dem historischen, kulturellen, religiösen und ökonomischen Hintergrund zu lösen, der natürlich sehr verschieden sei, je nachdem, woher der Autor oder Text stamme.

Dieser Wahrheitsgehalt, die Weisheit, in der sich häufig Lebenserfahrungen vieler Generationen sammelten, sei universal und im Kern unvergänglich, meinte sie. Jedenfalls sei dieses Wissen auch für uns Heutige noch von unschätzbarem Wert. Im Grunde sei die Weisheit uralt, nur der Irrtum sei immer wieder neu, sagte sie oft. Man müsse jedoch dieses Weisheitswissen auf die heutige Zeit übertragen und den gegebenen Umständen anpassen, ohne dabei den Wesensgehalt zu verändern. Jede Übersetzung alter Texte müsse sich an die Sprache, das Denken, das Lebensgefühl und die Lebensumstände der jeweiligen Zeit anpassen, um verständlich zu sein. In einer solchen Übersetzungsarbeit sah sie ihre Aufgabe. Das überlieferte Weisheitswissen sei leider immer wieder in Vergessenheit geraten, von eifrigen Forschern aber immer wieder ausgegraben oder von tiefen Denkern neu entdeckt worden. Das soll übrigens schon in der Antike so gewesen sein, wie man, so Diotima, aus einigen verlässlichen Quellen entnehmen könne. Also auch die Weisen der Antike griffen auf ältere Quellen oder mündliche Überlieferungen zurück.

Ich bin mir sicher, dass sie alles, was sie in den vielen Beratungsgesprächen mit ihren Klienten besprach, aus solchen alten Texten gelernt hatte und man es dort finden könne, wenn man sich einmal die Mühe machte, es zu suchen. In den Gesprächen mit unseren Klienten fielen selten andere Namen als die antiker Denker, Dichter, Weiser und Heiliger. Viele bekannte Größen waren darunter wie Sokrates, Platon, Aristoteles, Epikur, sehr häufig auch Stoiker wie Seneca, Epiktet, Mark Aurel. Von den Chinesen nannte sie häufig Konfuzius und Laotse, daneben noch Zhuangzi und Liezi, von denen ich nie zuvor gehört hatte. Aus Indien berief sie sich oft auf Buddha und die Upanishaden. Es fielen aber auch zahlreiche mir unbekannte Namen, an die ich mich nicht mehr erinnere. Vereinzelt war auch von neueren Philosophen, Dichtern und Denkern die Rede. Häufig dagegen kam sie auf Goethe zu sprechen, den sie offenbar sehr verehrte. Ich erinnere mich daran, dass sie einmal sagte, dass es keine antike Weisheit oder Weisheitslehre gebe, die man nicht bei Goethe wiederfinde, selbst solche, die er eigentlich nicht kennen konnte, weil sie zu seiner Zeit im Westen noch gar nicht bekannt waren. Aber das bestätige nur ihre Behauptung, Weisheit sei universal und zeitlos und werde immer wieder entdeckt von Menschen, die tief nachdachten.

Nun fragen Sie sich sicherlich, ob ich bei all den Gesprächen dabei war. Ja und nein. Ich war nicht im selben Raum. Es waren sehr persönliche, ja manchmal intime Gespräche, die Diotima mit ihren Klienten führte, natürlich unter vier Augen. Ich saß währenddessen im Nebenraum an meinem Schreibtisch und bearbeitete die Korrespondenz, kümmerte mich um die Buchhaltung und verwaltete die Veranstaltungen und Termine, wie Seminare, Vorträge und Workshops, die Diotima regelmäßig neben ihrer Beratungstätigkeit abhielt.

Es war nun aber so – und dafür konnte ich ja nichts –, dass die Trennwand zwischen dem Sekretariat und dem Besprechungsraum sehr dünn und das ganze Haus sehr hellhörig war. Offenbar war unser Büro einmal ein einziger großer Raum gewesen, der später in zwei kleinere aufgeteilt worden war. So bekam ich unfreiwillig sehr viel mit von den Gesprächen, die Diotima mit ihren Klienten führte, ja häufig hörte ich jedes Wort. Anfangs war mir das sehr lästig, und ich versuchte, mich mit Ohropax vor dieser Geräuschkulisse zu schützen. Aber ich vertrug es nicht und bekam eine Entzündung in den Ohren, sodass ich darauf verzichten musste. Als Nächstes versuchte ich, mich ganz auf meine Arbeit zu konzentrieren und gar nicht darauf zu achten, was im Nebenraum gesprochen wurde. Irgendwann aber, als ich gerade einmal nichts zu tun hatte und vor mich hin döste, lauschte ich einer längeren Passage eines Beratungsgesprächs. Nicht dass ich neugierig war oder dass es mich sonderlich interessierte. Das kam erst später. Am Anfang war es einfach der Umstand, dass ich es gar nicht verhindern konnte, die Gespräche mitzuhören.

Irgendwann geschah es, dass ich mich für die Inhalte zu interessieren begann, über die im Nachbarraum geredet wurde. Es waren weniger die Probleme, mit denen die Klienten zu Diotima kamen, als vielmehr die Ratschläge, die

Diotima erteilte, und die Erklärungen und Begründungen, die sie dafür anführte. Ich verstand nicht immer alles, ich meine nicht akustisch, sondern inhaltlich. Ich konnte ja keine Rückfragen stellen. Das aber, was ich verstand, beeindruckte mich immer mehr, ja fesselte mich förmlich im Laufe der Zeit.

Eines Tages fing ich damit an, mir Stichworte zu den Gesprächen zu machen, um mich später daran erinnern zu können. Aus den Stichworten wurden ganze Sätze, und am Ende arbeitete ich meine Notizen noch am selben Abend aus und versuchte, das Gespräch so genau wie möglich zu rekonstruieren und schriftlich festzuhalten. Besondere Sorgfalt verwendete ich auf das erste Gespräch. Das war immer das interessanteste, und eigentlich wurde dort schon alles Wesentliche erörtert, was aus Sicht der antiken Lebensweisheit dazu zu sagen war. In den Folgeterminen kam es dann zu Vertiefungen einzelner Aspekte, meistens jedoch nur zu Wiederholungen mit anderen Worten oder unter einem anderen Gesichtspunkt. Häufig wurde auch lediglich der Status des Veränderungsprozesses besprochen, den die Klienten unter Anleitung Diotimas machen sollten (richtiger müsste man sagen: unter Anleitung der antiken Philosophen, denn Diotima betonte immer wieder, dass es nicht »ihre« Philosophie sei, die sie weitergebe, sondern diejenige der alten Denker und Weisen, die sie nur mit ihren Worten wiedergebe und auf das konkrete Problem des jeweiligen Klienten anwende).

Im Laufe der Zeit kamen einige Hundert Seiten an Gesprächsaufzeichnungen zusammen. Immer wieder warf ich einen Blick hinein und fühlte mich bereichert durch das, was ich da las. Einiges davon konnte ich auch gut für meine eigene Lebenspraxis gebrauchen. Dabei konnte ich feststellen, dass Diotimas Ratschläge positive Auswirkungen hatten und ich tatsächlich mein Denken und Verhalten hier und da änderte.

Und dann starb Diotima. Sie war schon sehr alt und ahnte offenbar, dass ihre Zeit gekommen war. Denn eines Tages sagte sie zu mir: Mein Lieber, es tut mir leid, aber Sie müssen sich einen neuen Job suchen. Ich war zunächst schockiert und dachte, ich hätte etwas falsch gemacht oder sie sei irgendwie dahintergekommen, dass ich einige Gespräche mitgeschrieben hatte. Aber das war nicht der Grund. Auf meine erstaunte Rückfrage, warum sie mich entlassen wolle, sagte sie, das wolle sie gar nicht, aber sie glaube, dass sie demnächst diese Welt verlassen werde. Merkwürdigerweise kam ihr das sehr leicht über die Lippen, ja, wenn ich das richtig deutete, mit einem gewissen Ausdruck von Erleichterung.

Ihre Zeit sei um, sagte sie, ihr Leben habe ja nun schon lange genug gedauert. Ihr Körper sei müde und wolle nicht mehr so richtig. Ich solle jetzt nicht traurig sein, denn was geschehe, sei völlig natürlich und unser aller Schicksal. Sie sei sehr alt geworden, habe ein gutes Leben gehabt und wolle nicht undankbar sein, wenn es jetzt zu Ende gehe. Wer wisse schon, was darauf folge. Sie sei sehr neugierig und gespannt. Entweder sei es die große Ruhe, die sie wahrlich verdient habe, oder die Seelen leben irgendwo weiter. Vielleicht begegne sie ja einigen der großen Denker, mit denen sie sich ein Leben lang beschäftigt habe. Nichts wäre ihr lieber, als mit ihnen einige offene Fragen zu besprechen, die sie schon immer einmal mit ihnen diskutieren wollte.

In diesem Ton sagte sie noch einiges anderes, aber ich konnte nicht mehr richtig zuhören. Zum einen war ich trotz ihrer Tröstungen traurig, denn ich muss zugeben, dass sie mir im Laufe der vielen Jahre immer mehr ans Herz gewachsen war. Dann dachte ich daran, dass ich mir nun einen neuen Job suchen müsse. Am meisten aber staunte ich darüber, wie sie über ihren eigenen Tod sprechen konnte. Gewiss, ich erinnerte mich, dass sie zu ihren Klienten häufig in dieser Art sprach, wenn das Gespräch auf Tod und Vergänglichkeit kam, was oft der Fall war. Aber dass sie mit derselben Leichtigkeit und Unbekümmertheit auch angesichts des eigenen nahen Todes so sprechen konnte, das verblüffte mich doch sehr.

Zwei Wochen später starb sie tatsächlich. Sie sei eines Morgens nicht mehr aufgewacht, sagte der Arzt. Eine konkrete Todesursache habe er nicht feststellen können. Krank sei sie offenbar nicht gewesen, nur alt. Es sei sehr merkwürdig, sagte der Arzt, denn es sah so aus, als sei sie an Atemnot gestorben. Er habe aber keinen klinischen Befund zu irgendwelchen Atembeschwerden finden können. Er fragte mich, ob ich bei ihr jemals Atemnot bemerkt habe, was ich verneinte.

Als der Arzt gegangen war, schaute ich sofort in meinen Gesprächsaufzeichnungen nach und fand schließlich die Stelle, an die ich sofort dachte, als von Atemnot die Rede war. Ich erinnerte mich nämlich daran, dass sie einer Klientin einmal berichtete, dass es in der Antike einige große Denker gegeben habe, die ein sehr hohes Alter erreichten und schließlich ihr Leben selbst beendet haben sollen, durch »Luftanhalten«, wie zu lesen gewesen sei. Das hätten sie offenbar aus freien Stücken getan, ohne krank gewesen zu sein oder sonst wie unter dem Leben zu leiden. Sie hätten einfach erkannt, dass ihre Stunde gekommen sei, dass der Körper müde geworden sei, dass es nun reiche und dass sie lange genug gelebt hätten und Platz für andere machen wollten. Bevor das Leben unangenehm und leidvoll werde, wollten sie lieber aus freien Stücken »den Wohnsitz wechseln«. Das erzählte Diotima.

Ich weiß nicht, ob das stimmt. Kann man durch »Luftanhalten« sein Leben beenden? Ich habe da so meine Zweifel. Von den Indianern in Nordamerika, aber auch von anderen Naturvölkern wird erzählt, dass sie spürten, wenn ihre Zeit zu Ende ging. Sie zogen sich dann einsam in die Natur zurück, um zu sterben.

Diotimas Todestag liegt jetzt schon ein paar Jahre zurück. Briefe an sie und Anrufe von Ratsuchenden wollen aber immer noch nicht abreißen. Da Diotima keine Verwandten hatte und sie mich zum Nachlassverwalter einsetzte, landet alles bei mir.

Nun saß ich da mit meinen vielen Aufzeichnungen ihrer Gespräche und fragte mich, ob das auch ein Teil des Nachlasses sei und was ich damit machen sollte. Früher kam mir gar nicht der Gedanke, diese Mitschriften zu veröffentlichen. Ich hielt das für pietätlos gegenüber den vielen Klienten, deren persönliche Probleme behandelt werden. Andererseits hatte Diotima ihr enormes Wissen über die alten Weisheiten nie in einem Buch niedergeschrieben oder auf andere Weise der Allgemeinheit mitgeteilt. So kam mir irgendwann der Gedanke, dass mit ihrem Tod vieles von diesem Weisheitswissen wieder in Vergessenheit geraten werde, denn ich wüsste nicht, wo es noch gepflegt wird. Was das spezifisch Philosophische angeht, das System und die Theorie der Ethik, so wird das an unseren Universitäten gelehrt. Worauf Diotima aber größten Wert legte – worin sie mit den Alten auch vollkommen übereinstimme, wie sie öfter betonte –, waren Fragen und Methoden der Vermittlung und insbesondere der Umsetzung dieser Erkenntnisse im Alltag, im Alltag der Philosophen und noch mehr im Alltag all jener Menschen, die nicht philosophisch vorgebildet seien, also Menschen wie Sie und ich. Erst wenn es uns gelinge, dieses Weisheitswissen für alle Menschen nutzbar zu machen, so Diotima, sei die Aufgabe des Philosophen erfüllt.

Hier erst, sagte sie, in der praktischen Anwendung, komme die philosophische Gedankenarbeit zu ihrem eigentlichen Ziel und Abschluss. Die Umsetzung von Einsichten der praktischen Philosophie oder Weisheitslehre aber werde in den philosophischen Fakultäten der Universität nicht gelehrt. Nicht in der Universität, nicht in den Schulen, nicht in der Familie, nicht in den Kirchen (hier noch am ehesten, aber wer geht noch in die Kirche und kommt als ein Geläuterter wieder heraus?). Dabei gebe es nichts Hilfreicheres, um die Sehnsucht der Menschen nach einem gelingenden, glücklichen Leben zu erfüllen. Kein Wissen sei wertvoller als Weisheitswissen, sagte sie, weil doch alles, was die Menschen täten und erfänden, nur Sinn mache, wenn es letztlich dazu diene, dass die Menschen in den Jahren ihres Erdendaseins glücklich und zufrieden mit sich und den anderen leben könnten. Um dieses Ziel und wie man es erreichen könne, habe aber das Denken aller antiken Denker und Weisen gekreist. Nur die größten Philosophen der Neuzeit hätten noch gewusst, was in der Antike in Orient und Okzident eine Selbstverständlichkeit gewesen sei, nämlich dass der eigentliche Philosoph der praktische Philosoph sei als Lehrer der Weisheit durch Lehre und Beispiel.

Diotima war im Allgemeinen stets sehr ruhig und gelassen, aber wenn es zu diesem Thema kam, meinte ich bei ihr so etwas wie eine starke Emotion bemerken zu können. Sie müssen jetzt nicht meinen, Diotima sei emotionslos oder gefühlskalt gewesen. Ich kannte kaum einen Menschen, der so viel Mitgefühl mit anderen Menschen hatte wie sie. Aber sie ging damit nicht hausieren. Äußerlich machte sie den Eindruck, als befinde sie sich in einer ununterbrochenen Meditation. Stets strahlte sie eine große Gelassenheit und stoische Ruhe und Unerschütterlichkeit aus, war aber stets vollkommen präsent. Sie konnte selbst schwierigste Klienten durch ihre ruhige und souveräne Ausstrahlung für sich einnehmen. Ich glaube, es gab einige Menschen, die ihren Rat nicht deshalb annahmen, weil sie die philosophischen Argumente einsahen, mit denen sie jeden ihrer Ratschläge zu begründen wusste, sondern weil sie von der Aura Diotimas in ihren Bann gezogen wurden, sodass sie keinen Zweifel daran hatten, dass wahr oder doch heilsam sein müsse, was Diotima ihnen riet.

Aber ich schweife ab. Was ich sagen wollte, ist, dass in mir irgendwann der Gedanke kam, jedenfalls eine Auswahl meiner Gesprächsnotizen zu veröffentlichen. Wie bereits erwähnt, hatte ich anfangs Bedenken und meinte, das ginge nicht, weil es ja teilweise sehr Persönliches betreffe. Aber dann machte ich mir bewusst, dass es doch meistens um Probleme ging, die wir alle kennen, die nicht auf einzelne Personen beschränkt waren, sondern mit denen wir alle irgendwann einmal konfrontiert werden. Schließlich wurde der Gedanke immer stärker, dass es doch sehr schade wäre, wenn das Wissen Diotimas und der alten Denker, das sie so gekonnt und überzeugend weitergab, wieder in Vergessenheit versinke und versäumt werde, es einer breiteren Öffentlichkeit bekannt zu machen. Ich bin sicher, dass es auch Menschen helfen kann, die nie bei Diotima in der Sprechstunde waren. Zwar reicht die Wirkung des geschriebenen Wortes nicht an die Wirkung des gesprochenen heran, das von Angesicht zu Angesicht weitergegeben wird, zumal kein Buch die Aura Diotimas wiedergeben kann. Aber sie selbst hat ja auch nicht den Sokrates, Konfuzius oder Buddha persönlich erlebt und hat dennoch viel von ihnen gelernt.

Sie müssen jetzt nicht denken, es gehe hier um ein spezielles Geheimwissen, das in diesen Gesprächsnotizen zum Ausdruck komme. Bestimmt erscheint Ihnen das eine oder andere sogar ganz banal zu sein. Mir jedenfalls ging es am Anfang so. Lediglich der Umstand, dass sich Diotima bei ihren Ratschlägen und Überlegungen immer wieder auf die größten Denker der Antike in Ost und West berief, die noch heute im allerhöchsten Ansehen stehen und deren Bücher in jeder Buchhandlung stehen, machte mich stutzig und ließ mich länger über die scheinbaren Banalitäten nachdenken. Und tatsächlich erkannte ich im Laufe der Zeit bei wiederholter Lektüre, dass viel mehr dahintersteckte, als man beim ersten Hören vermuten könnte. Weisheit, so sagte Diotima einmal, sei wie das Wasser eines Sees: klar, aber tief, unerschöpflich und unergründlich.

Ich musste mir eingestehen, dass mir zwar vieles von dem, was Diotima sagte und anriet, bekannt vorkam, dass aber doch die wenigsten Menschen es wirklich umsetzen und danach leben. Und dass das vielleicht der Grund dafür ist, dass immer noch so viele Menschen auf dieser Welt leiden, obwohl sie in guten äußeren Verhältnissen leben. Dabei haben sie es nach dem, was Diotima lehrte, doch selbst in der Hand, etwas zu ändern, was das Leiden beendet. Das würde auch erklären, warum die Menschheit ethisch keine Fortschritte zu machen scheint und quasi auf der Stelle tritt, obgleich die Weisheiten, auf die sich Diotima immer wieder berief, schon seit Jahrtausenden bekannt sind. Man kann natürlich bezweifeln, dass wir als Menschheit keine Fortschritte machen, aber schauen Sie sich die Welt an, wie sie ist; oder schauen Sie nur auf das vergangene Jahrhundert mit den entsetzlichen Kriegen und dem unvorstellbaren Leid, das durch sie verursacht wurde!

Manchmal kommt es mir so vor, als dienten unsere ganzen Erfindungen, die unglaublichen technischen Fortschritte der letzten zwei Jahrhunderte und die digitale Revolution der letzten Jahre nur dazu, unser Leben komplizierter und beschwerlicher zu machen. Äußerlich sieht es aus wie eine grandiose Entwicklung, aber innerlich kommen mir die Menschen leerer und ärmer, gehetzter und orientierungsloser vor als in früheren Zeiten, die ich natürlich nur aus Büchern kenne. Aber auch was das rein Äußere angeht, ist keineswegs alles Gold, was glänzt. Äußerlich ist das Leben tatsächlich bequemer, angenehmer, luxuriöser geworden, die Weltreichweite ist für viele Menschen nahezu grenzenlos geworden – aber ich fürchte, über all dem Fortschritt geht die Welt zugrunde. Und niemand scheint das aufhalten zu können. Diotima sagte einmal, schon im Industriezeitalter hätten viele Menschen ein Maschinenherz bekommen, im digitalen Zeitalter aber ersetzen Algorithmen die Gefühle, und ein tieferes menschliches Miteinander ist selten geworden in den Großstädten unserer Industrienationen.

Aber ich schweife wieder ab. Jedenfalls habe ich mich nach langem Nachdenken dazu entschlossen, eine Auswahl der Gesprächsnotizen der Öffentlichkeit zugänglich zu machen.

Namen habe ich natürlich nicht genannt. Deshalb nenne ich meine Meisterin nicht bei ihrem richtigen Namen, sondern verwende einen, den ich öfter bei ihr gehört habe und der mir immer gut gefallen hatte. Ich nenne die Kunden einfach »Klienten« oder kürze sie in der direkten Rede mit »K« ab, Diotima mit »D«. Die Charakteristiken der Klienten, ihre Lebensgeschichten und Probleme habe ich manchmal etwas abgewandelt, um auszuschließen, dass sich jemand wiedererkennt oder von Dritten wiedererkannt werden könnte. Das geschah natürlich, ohne den sachlichen Gehalt oder die Problemlösungen zu ändern, die Diotima vorschlug. Mir würde für solche inhaltlichen Eingriffe auch jegliches Wissen fehlen. Ich war ja nur Diotimas Sekretär und weiß von der Philosophie nur das, was ich von ihr gehört habe.

Ich gebe die Gespräche nicht immer wortgetreu wieder, obwohl ich mich darum ernstlich bemüht habe. Ich glaube aber, nirgendwo den Sinn verstellt zu haben. Im Anschluss an jedes Gespräch gebe ich einige Zitate wieder, die Diotima in den Gesprächen angeführt hat und die mir besonders gut gefallen haben. Aber wie ich bereits erwähnte, ich denke, dass alles, was Diotima sagte, voller Zitate großer Denker, Weiser und Heiliger aus der Antike war, ohne dass sie dies stets ausgewiesen oder den Autor genannt hätte.

Am Ende findet sich ein Text mit zwölf »Regeln der Lebenspflege«, der auf einem großen Plakat in unserer Praxis hing. Ich weiß nicht, ob er von Diotima selbst stammt und die Quintessenz ihrer Erkenntnisse darstellt oder ob es sich um antike Aussprüche handelt. Ich glaube aber, er stammt von ihr, denn die Sprache und Formulierungen klingen moderner als Zitate aus antiken Schriften.

UNSER UMGANG
MIT UNS SELBST

Was will ich eigentlich?

»Das Schlimmste ist,
wenn man sich selbst vergisst.«
Konfuzius[1]

Eines Tages kam ein gut aussehender, salopp gekleideter Mittvierziger in die Praxis, ein sportlicher Typ mit wachen Augen und einem verbindlichen Lächeln. Er sagte meiner Chefin nicht, was er beruflich mache und wo er arbeite, nur, dass er ein sehr erfolgreicher Manager sei und dafür in den letzten zwanzig Jahren hart gearbeitet habe. Er habe drei wunderbare Kinder, die studierten. Er sei verheiratet, lebe aber seit einiger Zeit getrennt von seiner Frau. Er habe eine neue Partnerin. Beide achteten auf eine gewisse Distanz und ließen dem anderen große Freiräume. Auch sie sei eine erfolgreiche Führungskraft in der Industrie. Sie kämen gut miteinander aus. Er habe in der Vergangenheit viel Geld verdient. Wenn er jetzt seine Firma mit einer entsprechenden Abfindung verließe, bräuchte er nicht mehr zu arbeiten. Müsse man ihn nicht für einen glücklichen Menschen halten, den das Schicksal mit allem großzügig beschenkt habe, wonach sich viele Menschen sehnten?

D: Wenn es so ist, wieso sind Sie dann hier?

K: Sie haben den Ruf einer weisen Frau. Vielleicht frage ich das, damit Sie mich in meiner Vorstellung bestätigen.

D: Ich bin alt und habe in meinem eigenen Leben vieles

gesehen und erlebt. Durch die Lebensgeschichten meiner Besucher, die ich manchmal bis zu ihrem Ende begleitete, zunächst als Ratgeber, später als Freund, habe ich viel über den Lauf der Dinge erfahren, der für jeden von uns immer wieder Überraschungen bereithält. Dadurch bin ich vorsichtig geworden, ein Menschenleben für glücklich zu halten, bevor es nicht zu Ende ist. Manche hat das Schicksal noch im letzten Lebensabschnitt hart getroffen.

K: Aber es geht doch nur darum, das zu beurteilen, was im Moment und vielleicht in den letzten zwei, drei Jahren passiert ist, wie sich die konkreten Lebensumstände in dieser Zeit darstellten, wie man sich dabei gefühlt habe und wie man sich im Augenblick fühle.

D: Wie Sie sich fühlen, wissen Sie selbst am besten. Aber so einfach ist das nicht mit der Frage nach dem glücklichen Leben. Zum einen kann der Schein trügen. Manche wohnen in Schlössern und haben keine ruhige Nacht vor Sorgen und Ängsten. Andere wissen nicht, wohin mit ihrem Geld, und meinen, immer noch nicht genug zu haben. Schließlich gibt es Menschen, denen alles zu gelingen scheint und die äußerlich in den beneidenswertesten Umständen leben, gleichwohl sind sie missmutig und übellaunig, können nicht gut allein sein und an nichts mehr tiefe Freude empfinden. Gerade hier in Deutschland leben Hunderttausende von Menschen in einem Wohlstand, der dem von Renaissancefürsten nur wenig nachsteht, und dennoch klagen sie und sind unzufrieden, leiden seelisch und körperlich und lachen viel weniger als die Menschen in ärmeren Regionen der Welt. Ich habe diese Erfahrung in Asien gemacht, wo ich eine Zeit lang gelebt habe. Das trifft natürlich nicht auf alle Deutschen oder Mitteleuropäer zu, vielleicht nicht einmal auf die Mehrzahl. Aber im Verhältnis zu dem, was sie haben, zu den Möglichkeiten, über die sie verfügen, zu dem Frieden, der Freiheit und der Sicherheit, die sie nun schon seit Jahrzehnten umgibt, bleibt der Grad ihrer seelischen Zufriedenheit häufig zurück. Viele scheinen sich gar nicht bewusst zu sein, wie gut es ihnen geht, jedenfalls den äußeren Umständen nach.

K: Aber zu denen gehöre ich nicht, im Gegenteil: Ich freue mich meines Lebens und genieße meine Freizeit, wenn ich auch nicht allzu viel davon habe.

D: Das will ich nicht bestreiten. Ich sehe es Ihnen an. Aber so manchen Menschen hat das Schicksal hoch über alle anderen erhoben, nur um ihn dann umso tiefer stürzen zu sehen. Schauen Sie auf unsere Politiker und das Auf und Ab ihrer Karrieren. Auch über Unternehmer, Manager und Banker kann ein widriges Schicksal mit großer Gewalt hereinbrechen, denken Sie nur an die Bankenkrise von 2008. Die alten Weisen im Orient und Okzident meinten, zu großem Reichtum komme man häufig nur auf krummem Wege. Das ist aber ein sehr unsicherer Pfad, den wir in aller Regel nicht unbeschadet begehen. Die Zeitungen sind voll davon, weil die neidischen Menschen solche Geschichten lieben. Wen die Götter vernichten wollen, den überhäufen sie zuvor mit Glücksgütern, sagten die alten Weisen. Deshalb sollen wir auf das Ende sehen und nicht zu früh eine Bilanz unseres Lebens ziehen. Schließlich steigt übermäßiges Glück zu Kopf und macht uns überheblich. Eine solche Geisteshaltung, das lehrt die Erfahrung immer wieder, führt über kurz oder lang zum Scheitern.

K: Aber mit solchem Pessimismus verdirbt man sich die Freude am Hier und Jetzt.

D: Nur wenn wir die falschen Schlussfolgerungen aus dieser Einsicht ziehen. Gerade indem wir uns immer wieder bewusst machen, dass alles einem ständigen Wandel unterliegt, dass alles kommt und geht, dass sich die Phasen des Glücks und des Unglücks abwechseln, dass wir »im Unversicherbaren« leben – solche Vorstellungen im Hinterstübchen unseres Bewusstseins lassen uns einerseits dankbar das genießen, was wir haben. Denn wir wissen um seine Vergänglichkeit und nehmen es nicht als selbstverständlich. Manchmal lässt uns das Bewusstsein der Vergänglichkeit überhaupt erst erkennen, dass das Glück vor uns liegt und bloß darauf wartet, ergriffen, genossen und wertgeschätzt zu werden. Die Selbstverständlichkeit ist der Tod vieler Freuden des täglichen Lebens. Andererseits werden wir durch eine Haltung der Bescheidenheit und Achtsamkeit demütig im Hinblick auf die Zukunft, unsere Sehnsüchte und Erwartungen. Wir sind uns stets bewusst, dass nicht immer alles so läuft, wie wir uns das wünschen, und dass auch härtere Zeiten kommen können. Das ist eine gute Zurüstung, die uns auf alles vorbereitet und uns aufmerksam sein lässt auf das Hier und Jetzt. Wer vorbereitet ist, den wirft nichts um.

Kurzum: Fragen Sie nicht *andere* nach Ihrem Glück, sondern schöpfen Sie das Glück *aus sich selbst,* freuen Sie sich und genießen Sie es, solange das Schicksal es gut mit Ihnen meint ... Aber warum sind Sie denn eigentlich zu mir gekommen, wenn Sie ein glückliches Leben führen? Menschen, denen es rundum gut geht, brauchen meine Ratschläge und meine Hilfe nicht.

K: Gut, lassen wir das. Entschuldigen Sie bitte, wenn ich Sie ein wenig auf die Probe stellen wollte. Tatsächlich bin ich mit einem konkreten Anliegen hier. Da ist eine Sache, die ich immer wieder einmal in mir wälze und bei der ich das Gefühl habe, da ist etwas noch nicht so, wie es sein sollte.

D: Nur *eine* Sache? Da sind Sie noch sehr gut dran. Eine aufgeschlossene Seele, ein offenes Leben, das sich in seiner ganzen Fülle entwickeln und erfahren will, ist wie eine stetig wachsende Großstadt mit vielen Baustellen und sozialen Brennpunkten.

K: Ich habe beruflich alles erreicht, finanziell geht es mir gut, ich genieße hohes Ansehen im Unternehmen und in der Gesellschaft, an äußeren Gütern fehlt mir nichts. Ich habe gesunde Kinder, die ich sehr liebe und die mir viel Freude bereiten. Aber wenn das Rad der Betriebsamkeit einmal stillsteht, wenn ich irgendwo im Ausland fernab von zu Hause allein in einem Hotelzimmer bin oder abends ein Glas Wein trinke, erschöpft von der Arbeit, dann kommt manchmal eine Unruhe in mir auf. Ich frage mich dann: War das schon alles? Kommt da noch etwas? Oder wiederholt es sich nur noch? Ein Gefühl der Leere meldet sich. Auch habe ich schon lange ein paar Ideen in meinem Kopf, die ich gerne verwirklichen möchte, die aber nichts mit meiner gegenwärtigen Arbeit zu tun haben. Dazu bräuchte ich Zeit, die mir mein Beruf augenblicklich nicht gibt. Mit einem Vertrauten im Vorstand meines Unternehmens habe ich darüber gesprochen und gefragt, ob ich mehr Zeit für meine privaten Interessen haben könnte. Er war sehr aufgeschlossen. Sie haben meinen Vertrag so geändert, dass mir theoretisch die gewünschte Zeit eingeräumt wird. Aber es ist schwer, dies in der Praxis umzusetzen. Immer wieder tauchen unvorhergesehene Probleme im Unternehmen auf, um die ich mich kümmern muss.

D: Warum hören Sie nicht ganz auf oder versuchen, Ihre Tätigkeit für das Unternehmen auf eine Beratertätigkeit herunterzufahren?

K: Daran habe ich auch schon öfter gedacht. Aber das Unternehmen zahlt in jedem Jahr eine enorm hohe Prämie an seine Topmanager, wenn sie dem Unternehmen treu bleiben und nicht in den nächsten Monaten kündigen. Diese Prämie würde ich verlieren, auch wenn ich weiterhin als Berater für die Firma arbeiten würde.

D: Aber Sie sagten mir doch, dass Sie bereits genug Geld verdient und gut angelegt hätten, sodass Sie auf eine solche Prämie nicht angewiesen seien.

K: Das stimmt, aber Sie sagten ja selbst vorhin: Man steckt nicht drin, wie sich die Dinge weiterentwickeln. Vielleicht brauche ich noch einmal dieses Geld. Ich möchte auch nicht so einfach diese großartige Stelle aufgeben.

D: Bei Ihrer Qualifikation und Berufserfahrung könnten Sie immer etwas finden, falls Sie wider Erwarten in finanzielle Bedrängnis kommen sollten.

K: Ja, das stimmt, aber einen solchen Job mit einer derartigen Reputation und dem gesellschaftlichen Ansehen, das ich im Moment genieße, werde ich nicht wieder bekommen. Die Bewunderung und das Ansehen, das man mir auf Empfängen, öffentlichen Veranstaltungen oder Partys aufgrund meiner beruflichen Position entgegenbringt, sind kein absoluter Wert. Das weiß ich. Aber vielleicht würde mir doch etwas fehlen.

D: Wir alle müssen uns grundsätzlich und jeden Tag aufs Neue entscheiden, wo wir unser Selbstwertgefühl, unser Glück und unsere Freuden finden: in äußeren Gütern wie Besitz, Karriere, gesellschaftlichem Ansehen? Oder in innerer Ausgeglichenheit, Seelenruhe, in der Stimmigkeit von inneren Bedürfnissen und deren Befriedigung und Umsetzung im äußeren Leben? Authentisch sein heißt, der zu werden, der man ist und der in einem angelegt ist, das Leben zu führen, das den inneren Werten, Bedürfnissen und Sehnsüchten entspricht. Lebe ich im Äußeren und für Äußerlichkeiten? Oder lebe ich mein Inneres und für das, was mich ausmacht? Wenn wir uns zu sehr von unserer Mitte entfernen, dann entfernen wir uns von unseren Wurzeln, von unserer Kraftquelle, von dem Zentrum, in dem tief empfundenes Glück und Erfüllung wachsen und erblühen. Je fremder wir uns werden in dem, was wir tun, denken, wollen und fühlen, umso weiter entfernt sich das Glück, je näher wir uns kommen, umso besser fühlt es sich an.

K: Aber wer lebt schon zu einhundert Prozent das Leben, das er leben will? Nur allzu oft hat man sich auch den Sachzwängen zu fügen.

D: Das mag sein, jedoch hatte der Durchschnittsbürger in Deutschland oder in anderen erfolgreichen Industrienationen noch nie so viele Möglichkeiten wie heute, *sein* Leben zu führen und in seine Mitte zu kommen. Vielleicht muss man dabei auf manches Äußere verzichten. Aber was ist wichtiger: das Äußere oder das Innere? Worin besteht das Glück? Im Haben oder im Sein? In unseren äußeren Verhältnissen oder in einem Gefühl, einer Grundstimmung, einem Seelenzustand? Und selbst für den, der um sein Überleben kämpfen muss, gibt es immer wieder Situationen, in denen er sich und seinen Werten entweder treu bleibt oder sich entfremdet, verleugnet, verrät. Vor vielen Jahren hörte ich einen Vortrag. Ich weiß nicht mehr genau, wovon er handelte, aber den Schlusssatz habe ich bis heute nicht mehr vergessen. Der Redner zitierte einen berühmten Philosophen mit den Sätzen: »Sich selbst betrügen aber ist von allem das Schlimmste.«

Ich habe in meinem Leben mehrere »Karrieren« aufgegeben und hatte dabei keine soziale Absicherung wie Sie. Deshalb war es nicht leicht. Ängste begleiteten meinen Entschluss und seine Umsetzung. Die einzige »Sicherheit«, die ich hatte, war meine gute Ausbildung, ein gesundes Selbstvertrauen (das ich immer wieder aufbauen und stärken musste) und das Bewusstsein, dass es immer irgendwie weitergeht, dass ich schon nicht verhungern werde. Stärker als diese widerstrebenden Kräfte aber war die Vorstellung, ich darf es nicht versäumen, mir dort eine Chance zu geben, wo sich ein starkes inneres Bedürfnis deutlich meldet und gelebt werden will. War die Durststrecke, die Phase der Lebensumstellung einmal überwunden, hatte ich das Gefühl, mir nähergekommen zu sein. Ich war glücklich, den Sprung gewagt zu haben. Das Merkwürdige war, dass sich einige Jahre später, nachdem ich mich im »neuen Leben« eingerichtet und auch hier Erfolg hatte, sich wieder ein Gefühl der Entfremdung einstellte. Erneut riss ich das Ruder herum. Dieses Mal fiel es mir schon etwas leichter, denn ich hatte die Erfahrung ja schon gemacht, wie es ist, alles aufzugeben und etwas Neues anzufangen. Nach diesem zweiten Mal hatte ich dann dauerhaft das Gefühl, endlich bei mir angekommen zu sein. Dieses Gefühl habe ich bis heute.

K: Aber wer sind Sie denn nun? Was hat Ihnen am meisten Freude gemacht? Können Sie denn sicher sein, jetzt das Richtige gefunden zu haben?

D: Ich glaube in der Tat, dass der Weg, sich selbst nahe und in seine Mitte zu kommen, eine lebenslange Aufgabe ist. Vielleicht ist das, was uns glücklich macht, nicht der Umstand, irgendwo anzukommen oder ein Ziel zu erreichen, sondern der Weg dorthin, der Prozess, sich etwas zu erarbeiten, sich immer wieder selbst ins Werk zu setzen. Das liegt daran, dass wir uns ständig verändern, sei es auch nur in kaum merklichen Schritten. Was die Berufswahl oder die Haupttätigkeit betrifft, die wir uns erwählen, haben wir natürlich nicht endlos Zeit, alles auszuprobieren. Jetzt hätte ich keine Kraft mehr, noch einmal etwas ganz Neues anzufangen. Aber das ist auch nicht nötig. Ich habe das Gefühl, mein »Ithaka« gefunden zu haben.

In diesem Zusammenhang denke ich häufig an die »Irrfahrten des Odysseus«. Zwanzig Jahre war er von seiner Heimat getrennt. Er führte Krieg, kämpfte mit übermächtigen Gegnern, mit Halbgöttern und wurde von Zauberinnen verführt. Zahlreiche fremde Länder sah er und lernte fremde Sitten und Gebräuche kennen. Viele Gefahren und Abenteuer hatte er zu bestehen, und nicht nur einmal war er mit dem Tod konfrontiert. Aber er war weise, hatte auch hin und wieder Glück, denn das Glück folgt der Weisheit. Stets fand er einen Ausweg. Der »sehr gewandte« heißt es gleich zu Anfang, denn er besaß die Fähigkeit, auf jede Situation angemessen zu reagieren. Vielleicht gab ihm die Sehnsucht nach der Heimat die Kraft und den Erfindungsreichtum, alle Gefahren zu überwinden.

Ich denke, unser Leben entspricht in großen Teilen einer solchen Irrfahrt, und es braucht Zeit, Mut, Selbstvertrauen und eine tiefe Sehnsucht, sich selbst zu leben, um sein »Ithaka« zu finden, das heißt, zu sich selbst zu kommen. Dass nur er, aber keiner seiner Gefährten die Heimat wiedersehen sollte, ist vielleicht ein Hinweis darauf, für wie schwer der Dichter Homer diese Aufgabe hielt, vor die jeder von uns gestellt wird, der ein eigenes, selbstbestimmtes, innerlich unabhängiges Leben führen möchte. Aber wir sollten unsere Lebensaufgabe nicht dramatisieren und nicht die Leichtigkeit verlieren, die zu einem guten Leben gehört. Wir alle sind Odysseus, selbst im profansten Leben geht es um Selbstfindung und Wohlbefinden durch die Art und Weise, wie wir leben, denken und fühlen. Ich selbst jedenfalls habe mich in all meinen Lebensphasen überwiegend wohlgefühlt, wenn ich auch jeweils ganz unterschiedliche Berufe ausgeübt habe. Irgendetwas in mir lebte ich dabei aus, mag es auch nicht das gewesen sein, was mich am tiefsten erfüllte. Das musste ich erst suchen. Aber ich habe es gefunden. Und das macht mich glücklich. Denn glücklich ist man, sagte einer meiner Lehrer, wenn wir das tun, was wir gelernt haben und am besten können.

Aber Sie sind nicht hergekommen, um sich mein Leben anzuhören. Wenn ich hier gleichwohl ein klein wenig aus meiner Biografie zum Besten gegeben habe, so um Ihnen Mut zu machen, den Sprung zu wagen. Sie werden es nicht bereuen. Zahlreiche meiner alten Freunde bewundern, dass ich mehrmals bereit war, das Ruder meiner Lebensreise herumzureißen, um etwas ganz anderes zu beginnen. Sie sagen, dass sie häufig daran dachten, einmal etwas anderes auszuprobieren. Aber die wenigsten haben es getan.

K: Was würden Sie mir denn konkret empfehlen, was ich tun soll?

D: Ändern Sie Ihr Denken und Sprechen, Bewerten und Wollen. Am Ende werden sich auch Ihre Entschlüsse und Ihr Tun verändern. Man wird zu dem, was im Denken herrscht. Die Seele nimmt die Farbe der Gedanken an. Seit vielen Jahren werden Ihr Denken und Ihre Vorstellungen vornehmlich geprägt von Wörtern wie Aufstieg, Erfolg, Wachstum, Märkte, Shareholder-Value, Bilanzen, Investition, Renditen, Jahreseinkommen, Eigentum, Geldanlage, Steuerersparnis etc. Das prägt den Charakter. Zu einer Zeit, als die Söhne oft den Beruf der Väter übernahmen, gab es einen Mann, der diesen Brauch ablehnte. Sein Vater war Steinmetz, und er wolle nicht zu Stein werden, sagte er, denn man werde zu dem, was man tue.

K: Gerade sagten Sie, man werde zu dem, was im Denken herrscht. Jetzt sagen Sie, man wird zu dem, was man tut. Was ist nun richtig?

D: Beides. Es besteht eine starke Wechselbeziehung von Denken, Reden, Wollen und Handeln. Deshalb sollten wir auf unser Denken achten, denn es wird zu Worten, auf unsere Worte, denn sie werden zu Taten, auf unsere Taten, denn sie werden zu Gewohnheiten, auf unsere Gewohnheiten, denn sie werden zu unserem Charakter. Der Charakter aber bestimmt unser Schicksal. Denn für ein gelingendes Leben kommt es weniger auf die äußeren Umstände und Geschehnisse an, wenn wir das hier einmal als »Schicksal« bezeichnen, sondern wie wir damit umgehen und was wir daraus machen, auf unsere Haltungen, Werte, auf unsere Persönlichkeit, anders ausgedrückt: auf unseren Charakter. Ein einfaches Beispiel: Der Pessimist sieht immer schwarz, was auch geschieht, es ist düster und negativ. So ist folglich auch seine Stimmung und sein Lebensgefühl stets gedrückt. Er leidet am Leben und hat wenig Freuden, wenn überhaupt. Der Optimist dagegen sieht in allem das Positive, sieht Chancen und Herausforderungen. Er ist nicht unterzukriegen, was auch geschieht, hat Freude am Leben und bejaht es aus vollem Herzen.

Unser Charakter jedoch, unser Denken, unsere Werte, unser Tun – all das ist nicht in Stein gemeißelt. Wir können es ändern, wenn wir nur wollen, fest entschlossen sind, Mut haben und die Beharrlichkeit aufbringen, uns anders einzustellen und auszurichten. In Ihrem Fall, aber auch im Allgemeinen heißt das: Wir müssen unser Denken, Wollen, Bewerten und Fühlen ändern. Relativieren Sie die beruflichen und gesellschaftlichen Werte, die bisher für Sie wichtig waren. Rüsten Sie ab! Konzentrieren Sie sich auf Ihre unerfüllten Sehnsüchte und Pläne und werten Sie diese auf. Sagen Sie sich morgens beim Aufstehen und abends vor dem Einschlafen, dass nunmehr *Ihre* Zeit angebrochen ist. Lösen Sie sich in Gedanken von allem anderen, lassen Sie los, hängen Sie nicht länger an Ihren bisherigen Vorstellungen und Werten, an Ihrer Stellung, an Ihrem Jahreseinkommen. Vergegenwärtigen Sie sich immer wieder eine Erfahrung, die viele Menschen bei der Sterbebegleitung gemacht haben. Sie berichten nämlich, dass Sterbende in den letzten Stunden am meisten bereuen, was sie nicht gelebt haben, weil ihnen der Mut fehlte, auf ihre innere Stimme zu hören. Tapfer ist nicht nur, wer anderen die Stirn bietet, sondern mehr noch, wer die eigenen inneren Widerstände und die eigene Trägheit überwindet. Wer weiterkommen will, muss Altes aufgeben, muss loslassen, manchmal auch etwas, das er lange geliebt hat, an dem er lange »hing«. Nur wer sich selbst ausprobiert, kann sich finden. Nur wer sich findet, lebt ein sinnvolles Leben, wird erfüllt davon und freut sich daran. Eine solche innere Wandlung ist nicht einfach, aber wann haben die Götter schon etwas umsonst gegeben? Gutes hat seinen Preis.

K: Das klingt sehr selbstbezogen. Wo tauchen da meine Kinder auf, die Gemeinschaft, in der ich lebe, die anderen, denen ich etwas geben möchte?

D: Es klingt egoistisch, ist es aber nicht. Sie werden die Erfahrung machen, dass, je mehr Sie in Ihre Mitte kommen, je authentischer Sie leben, je mehr Sie Ihrer Bestimmung folgen, umso wichtiger werden die anderen Menschen für Sie, umso mehr verbinden Sie Ihr Glück mit dem, was Sie anderen Menschen geben können. Ihre Ausstrahlung und Wirkung auf Ihr unmittelbares Umfeld und die anderen Menschen wachsen und damit auch die Verantwortung und das Gefühl der Zusammengehörigkeit. In dem Maße, wie Sie sich selbst genügen, Seelenfrieden und Ausgeglichenheit finden, mit sich ins Reine kommen und ein glückliches Leben führen, werden Sie anderen helfen, gut zu leben. Ruhe, Frieden, Güte und Mitmenschlichkeit, die wir in uns herstellen, gibt ein glücklicher Mensch in jedem Augenblick an seine Mitmenschen weiter.

K: Ich werde mir durch den Kopf gehen lassen, was Sie gesagt haben.

Der Mann kam mehrmals wieder. Er war entschlossen, dem Rat Diotimas zu folgen, zu kündigen und seine Ideen zu verwirklichen. Aber immer wieder verschob er diesen Schritt. »Das Leben geht mit Aufschieben dahin«, sagte Diotima. Irgendwann kam er nicht mehr. Ob er den Sprung geschafft hat, weiß ich nicht. Ich habe hier im Wesentlichen nur das erste Gespräch wiedergegeben. In den folgenden Sitzungen wiederholten sich die Argumente. Es änderten sich nur die Formulierungen. Ich habe mir daraus noch ein paar Zitate gemerkt, die Diotima einfließen ließ und die mir treffend und einprägsam erschienen.

»Ein weiser Mensch vergisst nie,
dass er eines Tages in einem Graben
oder Tümpel enden kann.«
Menzius[2]

»Der Weise ist bei all seinem Tun darauf bedacht,
dass er mit sich selbst im Einklang bleibt.«
Konfuzius[3]

»Werde, der du bist, aufgrund von Erfahrung«,
worauf der merkwürdige Satz folgte,
den ich nicht verstanden habe:
»Schön gilt bei Kindern der Affe.«
Pindar[4/5]

»Was im Innern wahr ist,
das gestaltet sich im Äußern.
Darum achtet der Weise stets auf das,
was er für sich allein hat.«
Buch der Riten[6]

»Die Philosophie lehrt,
dass jeder getreu seinem inneren Gesetze lebe.«
Seneca[7]

»Wer authentisch ist, dem gelingt es.«
Patañjali[8]

Wie gehe ich mit mir um?

»Am meisten ist man sich selbst ein Freund;
man muss sich nämlich selbst am meisten lieben.«
Aristoteles[1]

Eines Tages kam eine Frau Mitte dreißig in die Praxis und klagte über häufige Schuldgefühle, die sie quälten und nachts nicht schlafen ließen. Sie würde es gern allen recht machen wollen, aber sie mache so vieles falsch. Sie wisse schon, dass es immer Menschen gebe, die etwas zu kritisieren hätten, aber dennoch sei sie am Boden zerstört, wenn es gegen sie gerichtet sei. Insbesondere werfe sie sich vor, bei der Erziehung ihrer Kinder vieles falsch gemacht zu haben, was sie jetzt nicht mehr korrigieren könne. Das mache sie sehr traurig und deprimiere sie. Sie dürfe gar nicht daran denken.

Die Frau führte noch andere Beispiele an, die alle zeigten, wie stark sie unter Selbstvorwürfen litt, wie unsicher, zerbrechlich und schwach ihr Selbstbewusstsein war. Man sah es ihr auch an. Ihr Gesichtsausdruck zeigte rote Flecken und Sorgenfalten, Unsicherheit und seelisches Leid. Ich glaube, in dem Gespräch mit Diotima, das häufig ins Stocken geriet, musste sie öfter weinen.

D: Sie sind hochmütig, sagte Diotima.

K: Wie bitte? Ich denke, das Gegenteil ist der Fall. Ich bin ängstlich und kleinmütig.

D: Das stimmt auch. Beides ist richtig und schließt sich

keineswegs aus. Denn Sie sind das eine und das andere, aber jeweils in anderer Hinsicht.

K: Wie meinen Sie das?

D: Mutlos, verzagt und pessimistisch – so fühlen Sie sich, wenn Sie kritisiert werden oder sich selbst Vorwürfe machen, wenn Sie meinen, einen Fehler begangen oder versagt zu haben. Sie fühlen sich minderwertig, mangelhaft, wertlos. Ein bekannter Psychologe meinte, dies sei das Grundgefühl, mit dem der Mensch geboren werde. Es sei seine erste Erfahrung, da er doch am Anfang in allem hilflos und bedürftig ist. Deshalb sehne er sich sein Leben lang nach Anerkennung und Wertschätzung und reagiere empfindlich auf jede Form der Zurücksetzung.

Ebendieses Gefühl ist kennzeichnend für Ihre Grundbefindlichkeit, in die Sie auch nach erfreulichen Erlebnissen immer wieder zurückfallen. Es sitzt tief und hat wahrscheinlich eine lange Vorgeschichte, der wir nachgehen sollten. Sie sind kein Einzelfall. Dieses Gefühl von fehlender Anerkennung und Wertschätzung ist sehr verbreitet unter den Menschen. Bei Ihnen scheint es besonders stark ausgeprägt zu sein.

K: Ja, das mag so sein, wie Sie es beschreiben. Aber was ist daran »hochmütig«?

D: Weil eine Ursache dieser Gefühle die Vorstellung ist, der Mensch sei ein starkes, vernunftbegabtes, fehlerloses Wesen, das keine Schwächen und Defizite habe und vollendet sein müsse. Solche Gedanken wurden vor allem im Christentum als hochmütig angesehen, weil sie den Menschen für gottähnlich hielten und nicht akzeptierten, dass er tatsächlich schwach und verletzlich ist. Wer so hoch vom Menschen denkt, entwickelt leicht Minderwertigkeitsgefühle, setzt sich ständig selbst unter Druck und stellt übertriebene Ansprüche an sich und an seine Mitmenschen. Die

Folge ist, dass ein Teil dieser Ansprüche nicht erfüllt wird, was zu Frustration und Enttäuschung führt.

K: Aber der Mensch ist doch die Krönung der Schöpfung?

D: Das mag sein, auch wenn ich das bezweifle, wenn ich all das Leid sehe, das sich der Mensch selbst und anderen zufügt. Aber auch als »Krönung« bleibe der Mensch nach christlicher Auffassung stets Geschöpf, also etwas Geschaffenes und daher abhängig. Was er könne und was ihm gelinge, verdanke er einer höheren Macht. Er selbst sei von Grund auf »sündig«, wie die Christen sagen, oder ein Mangelwesen, wie es bei den Anthropologen heißt.

K: Die anderen Menschen sind sehr wohl imstande, Fehlverhalten zu vermeiden. Wieso soll ich das nicht können?

D: Meinen Sie wirklich, die anderen seien fehlerlos? Sie haben doch bestimmt schon einmal von der Aufforderung aus dem alten Griechenland gehört: »Erkenne dich selbst!« Der das sagte, hatte gemeint, dass wir kein glückliches Leben führen können, wenn wir dieser Aufforderung nicht nachkommen und uns selbst gut kennenlernen. Dann verstünden wir auch die anderen besser.

K: Ja, aber ich habe schon so viel über mich nachgedacht, ohne dass sich etwas geändert hätte. Außerdem belastet es mich und drückt meine Stimmung, ständig über mich selbst nachzugrübeln.

D: Das war auch nicht der eigentliche Sinn, den die alten Griechen mit dieser Aufforderung verfolgten. Der Satz besagt ursprünglich, dass wir nie vergessen sollten, dass wir keine Götter, sondern bloß Menschen sind, die irgendwann sterben werden, die das wenigste von dem, was man wissen kann, tatsächlich wissen, die sich jeden Tag irren und Fehler machen, weil ihre Vernunft beschränkt ist. Das Leben kann sehr kompliziert sein, und unser Seelenleben steht dem in nichts nach. Wir sollten versuchen, uns immer besser zu verstehen. Aber selbst diejenigen, die am tiefsten blicken, werden nicht bis ganz auf den Grund schauen. Trotz ihrer tiefen Gedanken verhalten sie sich manchmal ungeschickter als einfacher gestrickte Charaktere mit gesundem Menschenverstand und einem natürlichen Sinn für das Gute und Richtige.

K: Ist es dann nicht besser, auf Selbstbespiegelung gänzlich zu verzichten?

D: Dann schütten Sie das Kind mit dem Bad aus. Sie sollten über sich nachdenken, aber im rechten Maß. Bevor wir darüber sprechen, was das rechte Maß ist, wäre es jedoch wichtig, dass Sie die Kernaussage des Ausspruches richtig verstehen und verinnerlichen, indem Sie sich Folgendes immer wieder vor Augen halten: Kein Mensch ist perfekt. Wir alle haben Fehler und Schwächen. Wir sitzen alle im gleichen Boot. Keiner sollte denken, er sei etwas Besseres. Keiner erhebe sich über den anderen. Wir haben alle unser Päckchen zu tragen. Wer meint, er sei besser, gleicht einem Patienten eines Krankenhauses, der auf seine Mitpatienten herabschaut und sich für gesund hält. Umgekehrt soll keiner denken, er sei schlechter oder minderwertiger als andere. Wir sind genauso wertvoll wie jeder andere. Die Ehrfurcht, den Respekt, die Achtung und Wertschätzung, die wir anderen entgegenbringen, schulden wir auch uns selbst, und zwar an erster Stelle. Wer sich selbst nicht verzeihen kann, kann auch anderen nicht verzeihen. Wer sich nicht selbst ein guter Freund ist, wird es auch anderen gegenüber nicht sein. Wer sich nicht selbst lieben kann, wird auch andere nicht lieben können. Wer andere nicht lieben kann, wird nicht geliebt.

K: Aber ist man nicht zu wenig anspruchsvoll, wenn man sich selbst alles durchgehen lässt?

D: Ich habe nicht gesagt, man solle sich alles durchgehen lassen. Wer aufgehört hat, besser sein zu wollen, hat aufgehört, gut zu sein. Die praktische Philosophie beginnt damit, sagte jemand, wenn man sich selbst »verurteilt«. Das klingt ein wenig hart. Er meinte damit auch nur einzelne Aspekte an sich, die selbstschädigenden Charakter haben, nicht sich selbst als ganzen Menschen. Sie werfen sich vor, zu anderen Menschen, wie beispielsweise zu Ihren Kindern, nicht gut genug zu sein. Aber was heißt Güte? Güte heißt vor allem, verständnisvoll und wohlwollend zu sein und denen zu verzeihen, die einen Fehler gemacht haben oder bei denen Schwächen zum Vorschein kamen. Genauso müssen Sie mit sich selbst umgehen. Wir sind der ganzen Welt Verzeihung schuldig, besonders aber uns selbst gegenüber.

K: Aber ist da nicht ein Widerspruch, einerseits von sich zu verlangen, besser werden zu wollen, sich selbst aber bei jeder Übertretung sogleich zu entschuldigen? Wieso soll ich dann überhaupt besser werden? Erteile ich mir da nicht einen Freibrief für mein Fehlverhalten, für meine Schwächen und Defizite?

D: Auch hier geht es, wie bei der Selbsterforschung, nicht um ein Entweder-oder. Das Leben ist voller Gegensätze oder besser: voller Gegenpole oder Gegengewichte, die sich nicht ausschließen, sondern die in einem Spannungsverhältnis stehen und angemessen ausgeglichen werden wollen. Im rechten Maß finden wir die Lösung. Das rechte Maß und die gesunde Mitte regieren alles. Wir sollen uns sehr wohl fragen und unser Inneres daraufhin prüfen, was uns guttut und was uns auf Dauer schädigt. Wir sollten uns kritisieren, wenn wir erkennen, dass unser äußeres Verhalten, unsere Gedanken, unser Wollen und Fühlen nicht mit dem übereinstimmt, was wir für richtig und gut halten. Diese selbstkritische Prüfung sollten wir jedoch nicht von morgens bis abends betreiben. Das wäre selbst ein großes Problem, das zu Leiden führt. Wir sollten es regelmäßig und in besonderen Momenten tun, die wir für die innere Sammlung und Besinnung reservieren.

Es tut uns sehr gut, wenn wir versuchen, jeden Tag ein bisschen weiser oder besser zu werden, aber uns dabei zu überfordern und Ansprüche an uns zu stellen, die wir nicht erfüllen können, macht krank. Wir sollen an uns arbeiten wie der Gärtner in seinem Garten: beharrlich, aber geduldig. Er macht ihm Mühe, aber er liebt ihn.

Mir tut es gut, mich mindestens einmal pro Woche in ein Café zu setzen und zu bilanzieren: wie ich mich fühle, was ich gut oder vielleicht auch nicht so gut gemacht habe, was ich mir vornehmen oder wovon ich Abstand nehmen sollte. Seit vielen Jahren tue ich das. Ich habe mir dafür ein Tagebuch zugelegt, worin ich meine Gedanken niederschreibe. Dabei entdecke ich fast jedes Mal etwas an mir, was ich bisher nicht so klar gesehen habe. Mit dem Schreiben zünde ich mir ein Licht an. Auf diese Weise habe ich mich im Laufe der Zeit immer besser kennengelernt. Und nicht nur mich, sondern auch meine Mitmenschen. Ich habe viel darüber gelernt, wie das Seelenleben funktioniert und warum die Menschen tun, was sie tun. Ich bin weit davon entfernt, mich vollständig zu kennen, und wahrscheinlich wäre das auch gar nicht gut. Wir sollten offen dafür sein, uns selbst zu überraschen. Aber durch die regelmäßige selbstkritische Sammlung und Besinnung bin ich mir besser auf die Schliche gekommen und habe die tieferen Wurzeln von eigenen Schwächen und Defiziten freilegen können. Das gab mir die Möglichkeit, mich zu verändern, sie abzustellen oder zu vermindern. Vielleicht sollten Sie das auch einmal versuchen.

Nie habe ich bereut, was ich getan habe, sondern sagte mir immer, dass ich nur ein Mensch bin und als solcher Erbe menschlicher Schwächen. Einen Fehler machen ist nicht schlimm, ihn ständig zu wiederholen, ist bedenklich, ja schädlich. Dass uns das nicht passiert, darauf sollten wir achten. Das ist schwer genug. In der persönlichen Entwicklung sind wir alle unterwegs. Eine Zeit lang einen Irrweg zu gehen, macht uns mit der Gegend vertraut und zeigt uns, wo der richtige Weg entlangführt. Deshalb sollen wir Irrwege nicht suchen, aber auch nicht scheuen. So sollten wir auch mit unseren Fehlern umgehen, womit ich nicht sagen will, dass wir bewusst Fehler begehen sollten.

K: Das klingt alles schön und gut. Aber wie mache ich das?

D: Üben, immer wieder üben! Das heißt, sich nicht überfordern, die eigenen Schwächen akzeptieren und annehmen, immer wieder die Ansprüche an sich selbst herunterschrauben, immer wieder daran denken, dass wir alle schwache Wesen sind und dass es nichts Schlimmes ist, Fehler zu machen und auch einmal zu versagen, sondern dass dies in unserer Natur liegt. Lernen Sie, sich selbst nicht immer so wichtig zu nehmen und auch einmal über sich zu lachen. Wir müssen uns selbst und die Menschen nehmen, wie sie sind, und nicht, wie wir sie uns wünschen. Denken Sie an den Hochmut, von dem ich eingangs sprach. Überfordern Sie sich nicht.

Wenn Sie etwas an sich ändern wollen – und hier gibt es immer etwas zu tun, wenn unser Leben gelingen und Freude machen soll –, dann tun Sie es in kleinen Schritten, in einem überschaubaren zeitlichen Rahmen und in dem Umfang, den sie gut bewältigen können. Auch hier gilt es, das rechte Maß zu treffen. Haben Sie es geschafft, dann lassen Sie den nächsten Schritt folgen. Einen Fuß vor den anderen setzen, das gilt auch für die persönliche Entwicklung. Gelingt es Ihnen nicht, dann versuchen Sie es noch einmal. Nehmen Sie sich jeden Morgen vor, am heutigen Tag einen kleinen Fortschritt zu machen, und prüfen Sie abends, ob es Ihnen gelungen ist. Bleiben Sie bei der Übung gelassen und geduldig. Nehmen Sie sich lieber mehr Zeit, als zu streng mit sich zu sein oder zu früh die Flinte ins Korn zu werfen.

Die Frau kam noch einige Male zu uns. Ich glaube, es ging ihr zunehmend besser. Manchmal lachte sie laut, was sie vorher nie getan hatte. Sie wurde gelassener und entspannter. Von meiner Chefin hörte ich noch folgende Sätze, die ich mir merkte:

»Ich bin ein Mensch, was menschlich ist,
ist mir nicht fremd.«
Terenz[2]

»Von jedem Menschenleben,
selbst wenn es Wunder wie glücklich war,
kann leicht nachgewiesen werden,
dass es nichts Überschwängliches,
nichts Großes und Hohes hatte,
sondern dass alles darin klein und schwach war.«
Antiphon[3]

»Brüste dich nicht mit Weisheit und Stärke
noch gar mit dem Reichtum;
lediglich Gott ist weise und stark und
mit Reichtum gesegnet.«
Phokylides[4]

»Milde, welches Haus auch immer sie betritt, macht es glücklich und ruhig.«

Seneca[5]

»Wir tun gut, mit einem Toren nicht zu streng ins Gericht zu gehen, und uns zu sagen, auch die weisesten Menschen seien vor Fehlgriffen nicht sicher, niemand sei so umsichtig, dass seine Wachsamkeit nicht zuweilen versage, niemand so ängstlich gegen Verstöße, dass er nicht unversehens einen begehe, gerade indem er ihn vermeiden will.«

Seneca[6]

»Wer sich selbst kennt,
klagt nicht mehr über seine Mitmenschen.
Denn wer über seine Mitmenschen klagt,
hat selbst beklagenswert versagt.«

Xunzi[7]

Wie schaffe ich das?

»Das Wesen der Weisheit liegt nicht im Wort,
sondern in der Tat.«
Seneca[1]

Eines Tages kam eine Frau zu Diotima, vielleicht Anfang vierzig. Sie klagte darüber, dass sie viele gute Ideen hätte, aber sie springe von einer zur anderen, ohne etwas zu Ende zu bringen. Ebenso gehe es ihr mit den guten Vorsätzen für ihre Lebensführung. Sie habe schon ein paar Male mit Yoga angefangen, aber nach einiger Zeit wieder aufgehört. Mit Qigong und Atemübungen sei es dasselbe gewesen. Sie sei zudem leicht reizbar. Ärger und Wut brächen schnell aus ihr heraus. Sie könne die Wut nicht an sich halten, obwohl sie wisse, dass solche Ausbrüche nichts brächten. Sie streite häufig mit Leuten, brause auf und vergreife sich oft im Ton und in der Wortwahl. Nachher tue es ihr leid. Immer wieder kritisiere sie die anderen, und so manche Freundschaft sei darüber zerbrochen. Wenn ihre Kinder etwas falsch machten, verliere sie schnell die Geduld und schimpfe mit ihnen. Sie sei zu impulsiv. Sie wisse das, könne es aber nicht ändern. Das würde sie aber gerne, aber wie?

D: Wir sind Gefangene unserer Gewohnheiten, sagte Diotima, und es ist schwer, sich daraus zu befreien. Mit Gewohnheiten meine ich nicht nur unser Verhalten, sondern mehr noch unser Denken und Sprechen, unser Wünschen und Wollen, unsere Werte und Haltungen, unsere Hoffnungen und Ängste. Das alles hängt eng miteinander zusammen, sodass wir häufig an mehreren Baustellen gleichzeitig arbeiten müssen, um nachhaltig eine Verhaltens- und Denkweise zu verändern. Jeder Wunsch, etwas zu ändern, hat stets mit unserer ganzen Person zu tun. Wollen Sie sich wirklich verändern?

K: Ja, deshalb bin ich hier. Aber können wir überhaupt etwas an unserem Charakter verändern? Steckt das nicht in den Genen und Veranlagungen?

D: In den Genen steckt vieles, aber noch mehr in den frühkindlichen und vorgeburtlichen Prägungen und Erfahrungen, jedenfalls was unseren Charakter betrifft. All das ist jedoch nicht in Stein gemeißelt. Unser Charakter und unsere Gewohnheiten sind wie unser Körper nicht starr und unveränderbar. Eine Frau stemmte jeden Morgen ein Kälbchen, am Ende einen Ochsen, heißt es. Schauen Sie sich Bodybuilder an. Sie wurden nicht mit dem Körper geboren, den sie nach jahrelangem Training haben. Vielleicht waren sie vorher sogar schmächtig.

Wir alle haben zwei Naturen. Die eine ist uns bei der Geburt mitgegeben, die andere verschaffen wir uns selbst. Und wodurch? Schauen Sie in ein Fitnessstudio: durch »häufiges Bewegtwerden«. Das gilt für unseren Körper wie für unser Denken, Wollen, Handeln und Fühlen. Ich kannte jemanden, den es störte, dass er nicht schwindelfrei war. Eines Tages kam er auf die Idee, jeden Tag bedächtig einen hohen Kirchturm hinaufzusteigen. Nach drei Wochen hatte er sich von seinem Leiden befreit und kletterte danach auf die höchsten Berge.

Wir verändern uns kontinuierlich. Unser Charakter, unser Ich, auch unsere Verhaltensweisen und Gewohnheiten sind ständig im Fluss. Wir sind morgen schon ein anderer als heute, auch wenn wir es kaum bemerken. Bedenken Sie einmal, was Sie in Ihrem Leben schon alles geändert und was Sie hinzugelernt haben. In der Regel passiert das von selbst, ohne dass wir darüber nachdenken. Wenn wir es aber bewusst steuern, dann können wir Berge versetzen, Herr im eigenen Hause werden, der Steuermann unseres Lebensschiffes sein. Wir können viel bewirken, insbesondere auch in unserem Seelenleben.

K: Wie mache ich das? Wo fange ich damit an?

D: Sie müssen erst einmal verstehen, dass jede Veränderung einer Gewohnheit Mühe macht und harte Arbeit ist, Entschlossenheit, Zeit und kontinuierliches Üben erfordert, Geduld und Beharrlichkeit. Die Dauer ist die Art des Weisen, sagte man. Schon diese Einsicht muss tief in Sie sinken. Ihnen muss vollkommen klar sein, dass dies der Preis ist, ohne den Sie nichts bewirken und alle sonstige Anstrengung umsonst ist.

Es war mein indischer Yogalehrer[2], der mir einmal den »Weg der Weisheit« wie folgt erklärte. Jede Veränderung unseres Charakters, jede Weiterentwicklung unserer Persönlichkeit, jede Heilung von einer schlechten Angewohnheit, jede Überwindung von negativen Gefühlen wie Zorn, Wut, Hass, Neid, Eifersucht, Habgier, bedrückenden Sorgen und Ängsten etc. erfolge in vier Schritten: Als Erstes müssen wir begreifen, dass wir ein Problem haben, dass die negativen Gefühle, die uns stören, ihre Ursache in uns selbst haben. Ein äußerer Anlass ist meistens nur der Auslöser. Als Zweites müssen wir die Ursache des Problems erkennen. Haben wir die Ursache gefunden, dann erkennen wir auch, wie wir sie aufheben können. Damit sollten wir dann sofort beginnen und nicht aufhören, bis das Problem gelöst ist, die Ursachen beseitigt sind und wir uns von dem lästigen, negativen und leidvollen Gefühl befreit haben. Bloß an den Symptomen zu arbeiten, bringt nur kurzzeitig Linderung, aber keine Heilung. Wir fallen schnell wieder in den alten Trott und das alte Muster zurück. Wie ein guter Arzt müssen wir die Ursachen beseitigen. Diese zu finden, ist manchmal nicht so einfach.

K: Mir ist das alles zu abstrakt. Wie soll ich mir das vorstellen, die »Ursachen erkennen« und sie dann beseitigen? Können Sie mir ein Beispiel nennen?

D: Sie sagten, Sie gerieten leicht in Wut über jemanden und stritten sich häufig. Wieso geraten Sie in Wut? Wieso ärgern Sie sich so leicht über andere Menschen?

K: Ich weiß es nicht, sie nerven mich einfach.

D: Sehen Sie, Sie kennen die Ursache nicht. Aber alles hat eine Ursache. Häufig ärgern wir uns über andere Menschen, weil sie uns verletzen, herabsetzen, beleidigen, die verdiente Wertschätzung versagen, unsere Selbstliebe beeinträchtigen und untergraben, oder wir das jedenfalls glauben und so empfinden. Wir meinen, sie beleidigen oder kritisieren uns zu Unrecht. Jeder Mensch sehnt sich nach Anerkennung, Wertschätzung und Respekt, was in all diesen Fällen versagt wird. Das ertragen viele nicht. Darunter leiden sie.

K: Was kann ich dagegen tun?

D: Einen starken Charakter ausbilden, der in sich ruht und seine Kraftquelle und sein Selbstwertgefühl aus sich selbst schöpft. Einen starken Charakter kann man nicht beleidigen oder herabsetzen. Was stört es den Mond, wenn der Hund ihn anbellt? Sie dürfen sich nicht von der Anerkennung anderer abhängig machen. Lernen Sie, darauf zu verzichten. Sie müssen Ihren Wert in sich selbst finden.

K: Wie geht das?

D: Indem Sie sich immer dann, wenn sich ein Gefühl der Verletztheit einstellt, vor Augen halten, dass es nur

Ihre Eitelkeit ist, die sich da meldet und aufbegehrt. Indem Sie sich in solchen Momenten auf Ihre Stärken und Qualitäten besinnen, Ihre Schwächen und Defizite, wenn diese angesprochen werden, aber bereitwillig eingestehen, annehmen und akzeptieren. Sagen Sie sich in solchen Situationen: »Ich möchte nicht von der Meinung anderer abhängen. Ich möchte mein Wohlbefinden nicht mit dem Lob und der Anerkennung der anderen verknüpfen. Ich weiß, wo meine Stärken und Schwächen liegen. Es soll mir gleichgültig sein, was andere denken. Weder werde ich ein besserer Mensch, wenn andere mir auf die Schulter klopfen, noch ein schlechterer, wenn sie mich tadeln. Ich bemühe mich, mit mir ins Reine zu kommen, ein guter Mensch zu werden oder doch alles so gut zu machen, wie ich kann. Sollen die anderen davon halten, was sie wollen. Wenn sie aber zu Recht etwas an mir kritisieren, so lerne ich gerne etwas dazu und versuche, das Konstruktive der Kritik anzunehmen und es beim nächsten Mal besser zu machen. Ich freue mich dann sogar, dass sie mich auf eine ›Baustelle‹ aufmerksam gemacht haben, an der ich wachsen und mich weiterentwickeln kann. Wo ihr Tadel aber unberechtigt ist, da will ich wie ein Fels in mir ruhen und den Angriff ungerührt an mir abprallen lassen.« Besiegen Sie Ihre Eitelkeit. Machen Sie sich innerlich stark und unverletzlich. Bauen Sie sich eine »innere Burg«, in der Ihr Selbstvertrauen und Selbstwertgefühl zu Hause ist und die sicher und geschützt ist vor den Angriffen Außenstehender.

K: Aber Sie sagten doch, dass wir alle Anerkennung brauchen?

D: Ja, aber wir sollen sie nicht suchen und sie nicht von anderen abhängig machen. Wenn wir uns darauf konzentrieren, unsere Sache gut zu machen und unser Bestes zu geben, kommt sie von allein. Das meiste von dem, was uns guttut, erlangen wir nicht im direkten Zugriff, wir suchen nicht, sondern finden. Das gilt für die Anerkennung der anderen ebenso wie für unser Glück. Aber davon ein anderes Mal mehr. Wir verschieben auch die Frage, wie wir mit den Zumutungen der anderen Menschen umgehen sollen. Jetzt interessiert uns die allgemeine Methode und der Weg, den wir gehen müssen, wenn wir eine schlechte Gewohnheit ablegen und uns eine bessere aneignen wollen, was immer es sei, was wir ändern wollen.

Die schlechte Gewohnheit in Ihrem Fall ist das Aufbrausen und Sichärgern, wenn sie von anderen herabgesetzt werden oder jemand Ihnen Vorwürfe macht. Die Ursache ist, vereinfacht gesagt, verletzte Eigenliebe. Diese wurzelt in einem starken Anerkennungsbedürfnis und in dem Umstand, dass Sie sich angewöhnt haben, Ihr Selbstwertgefühl von dem Urteil anderer abhängig zu machen. Wenn Sie das verändern möchten, müssen Sie sich zunächst von Ihrer Eitelkeit, der übertriebenen Eigenliebe, befreien. Ermahnen Sie sich also selbst, wenn Sie sich über Kritik oder Herabsetzung durch andere zu ärgern beginnen: »Sei nicht so eitel!«, »Mein Selbstwertgefühl hängt nicht ab von der Meinung der anderen!«, »Sei ein starker Charakter!«, »Bleibe ruhig!«

K: Aber wenn ich mich aufrege, dann kann ich an so etwas nicht denken.

D: Noch nicht … deshalb müssen Sie es ja lernen, das heißt kontinuierlich üben. Es muss sofort eine rote Lampe in Ihnen aufleuchten, wenn Sie angegangen werden und der Zorn aufkocht. Dieses Warnsignal muss all die Gedanken wachrufen, die Sie Ärger und Zorn entgegensetzen können. Aber die Änderung eines inneren Reaktionsschemas geht nicht von heute auf morgen, insbesondere dann nicht, wenn es zuvor häufig aktiviert wurde und deshalb tief eingewurzelt ist. Wenn Sie mit Jogging beginnen, so wird es auch länger dauern, bis Sie Ihren ersten Marathon laufen können. Denken Sie daran: Alles beginnt im Kopf. Ich hörte von einem, der sich ebenfalls abgewöhnen wollte, sich über andere zu ärgern. Er sagte sich jeden Morgen, bevor er das Haus verließ: »Ich werde heute wieder einigen Menschen begegnen, die übler Laune sind, angestaute Aggressionen in sich tragen, die schlecht geschlafen oder sich am Frühstückstisch mit ihrer Frau gestritten haben. Einige davon werden ihre schlechte Laune an mir auslassen. Aber ich werde sie überhören, sie werden mich nicht treffen, ich ziehe mich in meine innere Burg zurück, sobald sie damit anfangen, ihr Gift zu verspritzen. Dann will ich mir sagen: »Da ist schon wieder einer von denen. Ich werde sein Problem nicht zu meinem machen, sondern froh darüber sein, dass ich sein Problem nicht habe.« Am Abend prüfte er sich, ob es ihm gelungen sei, sich nicht zu ärgern. Wenn doch, nahm er sich vor, es am folgenden Tag besser zu machen. Das praktizierte er konsequent ein paar Wochen lang. Danach hatte er dieses Denkmuster so verinnerlicht, dass der ganze Verteidigungsmechanismus sich bei der kleinsten Attacke meldete und reagierte. Der Effekt war, dass er sich am Ende überhaupt nicht mehr über andere Menschen ärgerte, von denen er angegangen wurde. Da war weder Zorn noch Wut. Hin und wieder stieg ein leichter Impuls in ihm auf, verflog aber schnell wieder. Seit dieser Zeit kenne er keinen Streit mehr, sagte er.

K: Aber streiten ist doch gesund.

D: Ja, wo er sich auf die sachliche Auseinandersetzung beschränkt, nicht aber, wo er mit Aggressionen und Angriffen auf die andere Person verbunden ist. Da hilft er überhaupt nicht und wirkt nur zerstörerisch.

Es helfen auch noch andere Gedanken, zu verhindern,

dass wir negative Gefühle entwickeln, aber davon vielleicht ein anderes Mal. Es sollte ja nur ein Beispiel sein, wie wir uns verändern und umwandeln können. Wichtig ist, das Prinzip des Einübens und kontinuierlichen Eintrainierens zu verstehen. Wir programmieren dadurch unsere inneren Schaltkreise um. Das Reiz-Reaktionsschema wird verändert. Der Impuls von außen löst andere Gedanken und damit auch andere Empfindungen in uns aus. Worüber wir uns früher aufregten, das lässt uns nunmehr völlig kalt. Wir bleiben ruhig und unaufgeregt. Aber bis es dazu kommt, braucht es Übung und Zeit. Das Gehirn ist zwar veränderbar, aber andererseits auch eine träge Masse. Wenn dort etwas umgeschaltet werden soll, wenn neue Verbindungen zwischen einem Reiz und unserer Reaktion hergestellt werden müssen, dann ist dafür ein entsprechender Aufwand nötig. Die Arbeit aber erbringen wir, indem wir eine andere Reaktion üben, üben und nochmals üben. Viele Menschen bringen jedoch die dafür notwendige Beharrlichkeit nicht auf und kommen deshalb auch von ihren Defiziten nicht los. Sie fallen wieder zurück in »den alten Adam«.

K: Wie lange dauert es denn, bis sich eine Änderung einstellt?

D: Das kann man nicht allgemein sagen. Es hängt davon ab, welche Gewohnheit wir verändern wollen, wie stark diese sich schon verfestigt hat, wie intensiv sie unser Denken, Wollen und Handeln beherrscht. Schließlich auch davon, wie lieb sie uns ist. Bei allem Leid, das aus schlechten Gewohnheiten folgt wie etwa beim Rauchen, üppigen Essen oder übermäßigen Alkohol, ist es doch häufig so, dass wir sie lieb gewonnen haben und innerlich gar nicht von ihnen loskommen wollen. Die Gewohnheiten sind den Menschen ihr Paradies, ihre Wohnstube. Sie lassen nicht leicht von ihnen ab. Wenn sie nicht lange genug dagegen antrainieren, fallen sie schnell wieder in die alte Gewohnheit zurück. Es gibt Gewohnheiten, die auf so tiefe Prägungen zurückgehen, dass wir unser ganzes Leben daran arbeiten und sie doch nicht vollständig überwinden oder ablegen können. Dennoch ist die Arbeit daran keineswegs nutzlos: Die negativen Wirkungen werden immer mehr abgeschwächt, und das Leiden wird immer mehr eingedämmt. Wir lernen, zunehmend besser damit umzugehen. Jeder noch so kleine Schritt ist ein Fortschritt und macht, dass wir weniger beeinträchtigt werden und mehr Freude am Leben haben.

K: Das heißt, dass man sich sein ganzes Leben damit herumplagen muss?

D: Sie müssen gar nichts. Sie entscheiden selbst. Keiner zwingt Sie dazu, an Ihrem jetzigen Zustand etwas zu ändern oder, wenn Sie unter irgendetwas leiden, dieses Leiden zu lindern. Keiner verlangt von Ihnen, glücklicher zu leben, als Sie es zurzeit tun. Das alles liegt in Ihrer Hand. Nur beklagen dürfen Sie sich nicht, wenn es Ihnen nicht gut geht oder Sie mit Ihrem Leben nicht zufrieden sind. Sie sollten die Ursachen dann nicht auf andere oder auf die Umstände schieben. Wir sind für alles selbst verantwortlich. Unser Charakter, so wie wir ihn durch unser Denken und unsere Lebensweise geformt haben und ständig weiterformen, was man Persönlichkeitsentwicklung nennt, ist unser Schicksal. Wir sind die Summe unserer Gewohnheiten, die Gewohnheiten aber bilden sich aus unserer Lebensweise, aus der Art, wie wir denken, wie wir sprechen, was wir tun oder nicht tun, welche Werte uns wichtig sind und welche Haltungen wir einnehmen.

K: Aber das Schicksal ist doch etwas, das von außen kommt.

D: Ja und nein. Von außen kommt das Ereignis. Daran sind wir meistens unbeteiligt. Aber welche Reaktionen und Gefühle dieses Ereignis bei uns hervorruft, das hängt maßgeblich von uns selbst ab. Ich gebe Ihnen ein Beispiel: Sie sind in die Stadt gefahren, um einen Film zu sehen. Der Film fällt aus. Sie können nun schlechte Laune bekommen und sich ärgern. Sie können aber auch in eine Bar gehen, sich einen Cocktail gönnen und es genießen, unverhoffterweise die Gelegenheit zu haben, einmal gar nichts zu tun und die Gedanken schweifen zu lassen. Vielleicht macht Ihnen das am Ende mehr Freude, als den Film gesehen zu haben. So geht es mit allem. Nicht die äußeren Ereignisse sind gut oder schlecht, sondern wie wir sie aufnehmen und verarbeiten, was wir aus ihnen machen. Das entscheidet darüber, ob wir uns gut fühlen oder uns ärgern. Zu Recht heißt es: »*Wir* ärgern uns«, nicht die anderen tun das. Wir können diese Einsicht verallgemeinern: Für alles, was unser Wohlbefinden trübt oder auch erfreut, sind wir selbst verantwortlich. Seien Sie gelassen, offen und flexibel und lernen Sie, aus allem etwas Gutes für sich zu ziehen.

Ich komme noch einmal zurück auf die vier Schritte der Umgewöhnung, die mein indischer Yogalehrer anführte. Sie erinnern sich daran, dass der letzte Schritt das geduldige Einüben neuer Denk- und Verhaltensweisen war. Der Yogameister hat diese Lehre von einem bedeutenden Weisen übernommen[3], der vor langer Zeit gelebt hat. Auch dieser sah in dem beschriebenen »Weg zur Weisheit« eine allgemeine Methode, die wir auf alles anwenden können. Er meinte, mit ihr könne jedes Leid überwunden werden und jeder ein glückliches Leben erreichen.

K: Wie soll das gehen?

D: Indem Sie Ihr ganzes Leben als ein Einüben in gesunde, wohltuende Denk- und Verhaltensweisen verstehen und das Prinzip des inneren Wachsens und Reifens auf alle wesentlichen Bereiche Ihres Lebens ausdehnen.

K: Was heißt das? Können Sie das näher erläutern?

D: Dieser große Meister wollte sich – wie jeder von uns – von dem Leiden befreien, mit dem ihn sein Leben immer wieder konfrontierte. Er dachte lange darüber nach, ob das möglich sei und was wir dafür tun müssten. Er ging von der folgenden Gesetzmäßigkeit aus, die er bei den Menschen beobachtete: Aus unserem Denken, Sprechen, Tun und Wollen entstehen unsere Gewohnheiten, die unseren Charakter ausmachen, der – wie wir bereits gesehen haben – unser Schicksal ist. Daraus folgerte er: Wenn wir uns darin übten, auf uns achtzugeben, und es vermieden, Dinge zu denken, zu wollen, zu sagen oder zu tun, die uns schädigen, dann werde am Ende das Leiden aus unserem Leben verschwinden oder doch deutlich abnehmen. Er nannte acht wichtige Übungen und seine Methode deshalb »den achtfachen Pfad« zum gelingenden Leben: Wir sollen uns ständig darin üben, 1. richtig zu denken – für »richtig« können wir auch sagen »gut«, »weise« oder »heilsam« –, 2. richtige Haltungen einzunehmen, das heißt, gute Lebenswerte und Übungen zu haben, die wir ständig praktizieren sollten, 3. richtig zu sprechen, 4. uns richtig zu verhalten, 5. den richtigen Beruf zu ergreifen, also möglichst einen, der zu uns passt, in dem wir uns wohlfühlen und der das Wohl der Allgemeinheit befördert, 6. richtig zu üben, also ernsthaft und beharrlich, 7. richtig oder sorgsam auf all diese Dinge achtzugeben und schließlich 8. richtig zu meditieren, das heißt, zur inneren Ruhe und in unsere Mitte zu kommen, uns zu sammeln und uns zu erkennen. Er hielt es für sehr wichtig, dass wir bei all unseren Aktivitäten immer wieder zu uns zurückkommen, den Schritt anhalten, um zu schauen und zu spüren, wo wir stehen, wie es uns wirklich geht, ob wir uns noch treu und auf dem richtigen Weg sind.

K: Das ist zu kompliziert für mich.

D: Dann vielleicht mit anderen Worten. Er wollte uns sagen: Beobachte und sei aufmerksam auf das, was du denkst, auf das, was du sagst, auf das, was du tust, auf das, was wichtig für dich ist, auf das, wie du dein Geld verdienst. Übe dich in dieser Form der Aufmerksamkeit, achte auf deine Gefühle und woher sie kommen, lasse nicht nach in dieser Achtsamkeit und nimm dir immer wieder die Zeit, in dich hineinzuhorchen und dich zu überprüfen, ob du noch auf Kurs bist und Fortschritte machst.

K: Das ist aber sehr viel verlangt und scheint anstrengend zu sein. Wo bleibt da die Leichtigkeit des Seins?

D: Die kommt mit der Zeit. Am Anfang kostet es Mühe, aber je weiter Sie fortschreiten, umso leichter fällt es Ihnen. Am Ende denken Sie gar nicht mehr darüber nach. Es wird ein Automatismus. Ihre Gefühle, Ihre Instinkte und Ihre Intuition sind richtig justiert. Versuchen Sie es einmal. Beginnen Sie mit einer einfachen Übung, gehen Sie nicht mehreres auf einmal an. Fordern Sie nicht zu viel von sich.

Diese Frau kam recht häufig wieder und machte wohl auch Fortschritte, hatte ich den Eindruck. Ihre Stimme klang zunehmend heiterer und gelöster. Sie wurde ruhiger und war nicht mehr so hektisch und nervös. Diotima sprach ihr stets gut zu und gab ihrer Seele offenbar den Schwung, das Selbstvertrauen und die Zuversicht, die sie brauchte, um dranzubleiben. Manchmal aber war sie traurig und stiller. Ich glaube, dann hatte sie einen Rückfall. Ist das nicht normal? Einige Male bemerkte sie, dass es ihr schwerfalle, konsequent zu sein, vor allem wenn es ihr nicht so gut gehe und es nicht so laufe, wie sie es sich vorgenommen habe. Diotima sagte ihr dann, sie müsse Geduld haben, nicht so streng mit sich sein, auch einmal alle Vorsätze und Gedanken fallen lassen, Sport betreiben oder einfach ausharren, bis bessere Zeiten kommen. Wir seien nicht selten Stimmungen ausgesetzt, die aus heiterem Himmel kämen, denen wir nur schwer entgehen könnten. Es bleibe uns dann nichts anderes übrig, als solche Phasen geduldig zu ertragen und uns in der »Kunst des Tragenkönnens« zu üben.

Ich notierte mir noch folgende Aussprüche von Diotima, die mir gut gefielen und die ich mir merken wollte:

»Etwas lernen und sich immer wieder darin üben –
schafft das nicht Freude?«
Konfuzius[4]

»Die Gewöhnung führt zu der Fähigkeit,
etwas zu tun, die Kenntnis der Theorie einer Sache
dagegen nur zu der Fähigkeit,
darüber zu reden.«
Musonius Rufus[5]

»Doch niemals wird zu oft gesagt,
was niemals gründlich genug gelernt wird.«
Seneca[6]

»Wer sich beständig übt,
der wird es weit bringen.«
Bhagavadgita[7]

»Einen Teil der Weisheit erlangen wir durch
Übung und gute Gewohnheit.«
Platon[8]

»Die Philosophie umfasst zwei Teile:
das Wissen und die Seelenverfassung.
Denn wer den Lehrgang durchgemacht und
richtig begriffen hat, was zu tun ist und was zu meiden ist,
ist noch nicht weise, und zwar nicht eher,
als bis er eine innere Wandlung durchgemacht hat,
durch die seine Seele ganz mit dem, was sie gelernt hat,
verschmolzen ist.«
Seneca[9]

Wann bin ich bei mir angekommen?

»Was im Innern wahr ist, das gestaltet sich im Äußern. Darum achtet der Weise stets auf das, was er für sich allein hat, was sein Eigenstes ausmacht.«
Buch der Riten[1]

Eines Tages kam ein jüngerer Mann zu Diotima, vielleicht um die dreißig Jahre alt, und wünschte eine Beratung. Bisher sei sein Leben sehr erfolgreich verlaufen. Er habe vieles von dem erreicht, was er sich vorgenommen habe, beruflich und privat. Er glaube auch, dass er einen guten Ausgleich zwischen diesen beiden Bereichen gefunden habe. In der Firma, in der er arbeite, habe er es weit gebracht. Der Job mache ihm Freude. Seit Längerem habe er eine feste Lebenspartnerin. Sie wohnten zwar nicht zusammen, machten aber viele Dinge gemeinsam und verständen sich sehr gut. Er könne sich vorstellen, dass sie eines Tages heirateten und eine Familie gründeten. Im Moment stehe aber für beide die berufliche Karriere im Vordergrund. Er frage sich, ob er nun bei sich angekommen sei oder anders ausgedrückt: Wie könne er feststellen, ob er das Leben lebe, das ihm von seinem Innern her bestimmt sei, das seinem Wesen entspreche und am besten zu ihm passe?

D: Das ist tatsächlich nicht einfach festzustellen. Schon das Wort »feststellen« macht das Problem deutlich. Der Mensch ist wie alle Lebewesen ein Wesen, das ständig wächst und reift und sich kontinuierlich verändert. Hören wir auf, uns weiterzuentwickeln, und bleiben wir stehen, was nicht selten vorkommt, so sind wir im Grunde mehr tot als lebendig.

K: Aber wenn alles gut läuft und ich mich wohlfühle, wieso sollte ich dann etwas verändern? Im Übrigen denke ich, dass meine Mitte, mein Charakter, das, was mich ausmacht, doch nicht etwas Beliebiges, Schwammiges ist, das sich ständig wandelt. Wenn es so wäre, was hieße dann »Selbsterkenntnis« und »Selbstverwirklichung«? Was bedeutet dann »Authentizität« und die Forderung, sich selbst treu zu bleiben und einen »standhaften« Charakter zu haben?

D: Sie haben vollkommen recht. Authentizität, Selbstsein, Wahrhaftigkeit sind ganz wichtige, wenn nicht sogar die wichtigsten Werte, die unserem Leben Orientierung, Zielbestimmtheit und Form geben. Je mehr wir davon leben und verwirklichen, je näher wir diesen Idealen kommen, umso besser fühlen wir uns, umso zufriedener und erfüllter wird unser Leben sein. Und dennoch dürfen wir nicht verkennen, dass das Leben seinem Wesen nach zugleich Bewegung und Veränderung ist. Leben ist dynamisch, es pulsiert, und wenn es aufhört, sich zu entwickeln, dann hört das Leben selbst auf, erstickt in seiner Gleichförmigkeit und Eintönigkeit, erstarrt in Unbeweglichkeit, trocknet aus, wird fad und leer. Ein alter Chinese sagte mir einmal: »Fließendes Wasser fault nicht. Türangeln werden nicht wurmstichig – denn sie bewegen sich. Gleiches gilt auch für Körper und Geist.«[2]

K: So komme ich aber nie bei mir an. Dann gibt es überhaupt kein Selbst, nach dem ich suchen sollte, um es zu verwirklichen. Woran soll ich mich orientieren?

D: Deshalb sagte ich ganz zu Anfang, dass es nicht einfach ist, festzustellen, ob und wann wir *unser* Leben leben, was Authentizität ist und was unser ganz individuelles Selbst ausmacht. Man steigt niemals zweimal in denselben Fluss. Und dennoch: Es ist derselbe Fluss. Er ist bewegt und hat doch sein festes Bett. Ständig fließt er und ruht doch zwischen seinen Ufern. Ebendiese Vorstellung hatten die Weisen des Altertums von dem Ideal unseres Seelenlebens. Sie nannten es: »Ruhe in der Bewegung«.

Das ist eine treffende Bezeichnung für unser Leben. Wenn es gelingt, bleiben wir uns gleich und sind trotzdem geistig-mental ständig in Bewegung. Gleich bleiben sollte sich der Kern unserer Persönlichkeit, die guten und wohltuenden Gewohnheiten in unserem Denken, Wollen, Fühlen und Handeln. Gleich bleiben sollten unsere grundlegenden Lebenswerte, Anschauungen und Haltungen, die wir geprüft und für gut befunden haben. Gleich bleiben sollten sich die wesentlichen Züge unseres Welt- und Selbstverständnisses, das wir durch Lernen, eigenes kritisches Nachdenken und durch unsere Lebenserfahrungen erworben haben. Auch hier gibt es Weiterentwicklung, aber behutsam und unter Wahrung der Identität.

Wie wir aber mit den genannten Grundeigenschaften im täglichen Leben umgehen, wie wir unsere Werte und Haltungen in einzelnen Situationen oder bei Entscheidungen zur Geltung bringen, das erfordert Flexibilität, Weichheit und Anpassung. Hier ist nichts festgelegt und zwangsläufig. Hier sind wir zu eigenverantwortlichen, inneren Entschließungen aufgefordert, die uns und der äußeren Situation gerecht werden. Es gibt keine zwei Lebenssituationen, die völlig identisch wären. Wie sich alles Äußere ständig verändert, so auch unser Leben, das Teil dieser Veränderung ist und sich von innen heraus der Veränderung anpassen muss. Körper und Geist sind bewegt und befinden sich in einem ständigen Veränderungsprozess, selbst wenn wir dies gar nicht bemerken.

K: Aber wer bin ich dann? Gibt es vor diesem Hintergrund überhaupt ein Selbst, das ich verwirklichen kann? Wer oder was gibt mir die Richtung für mein Leben vor?

D: Ein Baum wächst ständig, aber bleibt doch derselbe Baum. Unser Selbst ist vielleicht nichts als ein ständig fließender Bewusstseinsstrom, aber auch er hat so etwas wie ein Flussbett, das ihm Form und Identität gibt. Wir sind diese identische Form und der fließende Strom in einem. Ist das schon schwierig zu begreifen, so ist es noch schwieriger, es gut umzusetzen. Festigkeit des Charakters bei gleichzeitiger Offenheit und Veränderungsbereitschaft. Es ist nicht leicht, unter diesen Vorgaben ein stimmiges, »in sich ruhendes« Leben zu führen. Aber genau das ist es, wonach wir uns alle sehnen und das wir ständig zu verwirklichen suchen. Was, wenn es anders wäre? Was wäre, wenn es keine »Bewegung in der Ruhe« gäbe? Es wäre alles, nur kein Leben mehr. Die Lebendigkeit wäre verloren gegangen. Und mit der Lebendigkeit auch die Notwendigkeit, auf jede konkrete und einmalige Lebenssituation individuell zu reagieren. Wir würden unsere Eigenverantwortlichkeit und unsere Freiheit verlieren.

K: Wo bleibt da die Antwort auf meine Fragen?

D: Ist sie nicht offensichtlich? Suchen und prüfen Sie die Werte, Haltungen und Lebensanschauungen, die zu Ihnen passen, die Sie für richtig halten und mit denen Sie sich wohlfühlen. Leben Sie danach, aber bleiben Sie gleichzeitig offen und flexibel in der Umsetzung, in der Art und Weise, wie Sie damit im täglichen Leben umgehen. Bleiben Sie wach und aufgeschlossen für neue Erfahrungen und Einsichten, die vielleicht eine Korrektur oder Nachjustierung Ihres Wertehorizonts, Ihres Welt- und Selbstverständnisses erfordern. Wir gehen durch unterschiedliche Lebensphasen, die äußeren Verhältnisse ändern sich, unsere Bedürfnisse verschieben sich und so auch unsere Prioritäten. Prüfen Sie sich regelmäßig kritisch, ob sich das noch gut anfühlt, was, wie und in welchen Umständen Sie leben. Horchen Sie immer wieder in sich hinein, ob sich vielleicht irgendwo Gefühle der Entfremdung melden, ob Sie wirklich sich selbst leben oder ob Sie sich vielleicht etwas vormachen, etwas beschönigen, was Ihnen – genauer und aufrichtig betrachtet – gar nicht so guttut. Ob Sie Konflikten ausweichen und sie verdrängen. Lastet da etwas auf Ihrer Seele oder können Sie sich frei und ungetrübt am Leben erfreuen? Gibt es Dissonanzen in Ihrem Innern? All das fordert von uns Achtsamkeit und Sensibilität für unsere eigenen Gefühle, für unseren Körper, für unser geistig-seelisches Leben. Es fordert Aufrichtigkeit in jeder Lebenslage.

K: Aber was ist, wenn ich nichts spüre?

D: Entweder Sie fühlen sich wohl, unwohl oder keins von beidem. Im letzteren Fall kann es eine vorübergehende Phase sein, nichts weiter als eine Stimmung, wie etwa eine Wetterfühligkeit, wofür es keine seelischen Ursachen gibt. Seien Sie dann geduldig. »Wolken ziehen am Himmel auf«,[3] heißt es, »gibt es Regen? Der Besonnene bleibt ruhig, sammelt sich, schaut auf sein Inneres und bereitet sich vor.« Prüfen Sie sich regelmäßig, ob Sie nicht etwas verdrängen oder ausblenden, was Sie belastet. Vielleicht empfinden Sie es nicht als Last, aber vielleicht als Antriebsarmut, als Motivationsverlust oder als Sinnleere. Probieren Sie etwas aus, ändern Sie etwas an Ihrer Lebensweise, an Ihrer To-do-Liste, an Ihrem Tagesablauf und achten Sie darauf, ob und wie sich Ihre Befindlichkeit dadurch verändert. Haben Sie nicht doch unerfüllte Wünsche und Bedürfnisse, die Sie immer schon einmal ausleben und erfahren wollten? Manches schieben wir jahrelang beiseite und reden uns ein, wir haben keine Zeit dafür oder können es aus irgendwelchen Gründen nicht verwirklichen. Nicht wenige Menschen berauben sich selbst ihrer Freiheit und ihrer Lebensmöglichkeiten, indem sie scheinbare Sachzwänge und Gegengründe auftürmen, um sich vor einer Entscheidung zu drücken. Das ist Trägheit oder mangelnder Mut. Hier braucht es Entschlossenheit und Tapferkeit, etwas zu verändern. Wie überall im Leben gilt auch hier: Wo Gefahr und Mühen lauern, da findet sich häufig auch das Rettende. Nichts geben die Götter umsonst. Vor den Lohn haben sie den Schweiß, den Mut und die Tat gesetzt.

K: Aber ich möchte nicht mühsam etwas anfangen, was dann nicht irgendwelche Früchte trägt und kostbare Lebenszeit vergeudet.

D: Nur durch das Aufbrechen alter Denk- oder Verhaltensmuster, durch das Heraustreten aus der Komfortzone, lernen wir unsere Grenzen kennen. Nur wenn wir das Fremde erfahren, lernen wir das Eigene kennen, das, was uns ausmacht und worin wir ein Gefühl von innerer Geborgenheit spüren. Nur wenn wir uns ins Unbestimmte und Ungewisse begeben, erkennen wir das Gewisse und Bestimmte. Wer sich kennenlernen und in seine Mitte kommen möchte, der sollte sich immer wieder ausprobieren, der sollte sein Leben als Weg betrachten, der uns jeden Tag in eine neue Landschaft führt: Dafür brauchen wir Wachheit, Aufgeschlossenheit, Neugierde, den Wunsch dazuzulernen, zu wachsen und zu reifen. Hier gibt es keine vergeudete Zeit, nur einen Zuwachs an wertvoller Lebenserfahrung. Aus solcher Lebenserfahrung entspringt die Weisheit. Das alles macht uns nicht nur sensibler für das, was wir sind und was unser Eigenstes ausmacht. Die Beweglichkeit und Neugierde unseres Geistes, seine Lern-

und Veränderungsbereitschaft, sein Wille, sich neuen Herausforderungen zu stellen, das alles ist auch ein mentales »Jogging« und Training, hält uns geistig gesund und ist die beste Prophylaxe gegen jede Art von Alterskrankheit: »Fließendes Wasser fault nicht!«

Schließlich sollten Sie verstehen, dass das Leben in Phasen verläuft. Es ist ganz natürlich, dass wir uns manchmal näher bei uns fühlen und ein anderes Mal weit von uns entfernt. Es gibt richtige Umbruchphasen, Häutungen wie etwa die sogenannte Midlife-Crisis, in der wir feststellen, dass Beruf, Karriere, äußerer Wohlstand, ja selbst Familie nicht alles sind. Wir beginnen damit, unsere Endlichkeit und Begrenztheit zu erfahren, und stellen erneut oder zum ersten Mal die Sinnfrage. Wir haben das Bedürfnis, etwas Bleibendes zu schaffen und zu hinterlassen oder etwas für andere zu tun, an etwas Sinnstiftendem mitzuwirken oder noch etwas auszuprobieren. Was sich da auch immer aus unserem Innern meldet, zu uns spricht und uns anruft, wir sollten genau hinhören, hineinfühlen, hineinspüren, wir sollten uns auf die Schliche kommen. Innere Aufgeschlossenheit und ernsthafte Bereitschaft zur Veränderung wird uns näher an unsere Mitte führen, wird uns unser Sein und unseren Wesenskern spüren lassen.

So in etwa endete das Gespräch. Der Herr bedankte sich für die Impulse, die er erhalten habe. Er werde das eine oder andere bedenken und vielleicht auch einmal ausprobieren. Soweit ich mich erinnere, blieb es bei dieser einen langen Sitzung, von der ich hier nur das, was mir noch am selben Abend in Erinnerung war, mitgeteilt habe. Nach ihrer Gewohnheit führte Diotima während des Gesprächs Aussprüche von Weisen an, von denen einige mich länger beschäftigten. Ich möchte Ihnen diese nicht vorenthalten:

»Krankheit, Starrheit, Zweifel, Nachlässigkeit, Faulheit, Gier, falsche Anschauung, das Nicht-Erreichen des Grundes des Yoga, das Nicht-Ausharren, wenn man ihn einmal berührt hat – diese neun sind die Zerstreuungen des Geistes, die Hindernisse auf dem Weg zu sich selbst.«

Patañjali[4]

»Konfuzius fragte seinen Schüler: ›Zeng Shen, gibt es einen Gedanken, der sich wie ein roter Faden durch meine Lehre zieht?‹ Zeng-zi bejahte es. Nachdem der Meister gegangen war, fragten die Schüler: ›Was meinte er?‹, und Zeng-zi sagte daraufhin: ›Treue gegen sich selbst und Gütigkeit gegen andere.‹«

Konfuzius[5]

»Lasst nicht nach in der Prüfung eures Ich. Die Augen nur auf andere und anderes zu richten, bedeutet das Herz verlieren. Und dieses ›das Herz verlieren‹ bedeutet nicht etwa, dass das Herz davonfliegt. Die Unfähigkeit, zum Selbst zurückzufinden, bedeutet es.«

Shibata Kyuo[6]

»Herzog Ai fragte Konfuzius: ›Ich habe von einem Menschen gehört, der so vergesslich war, dass er bei einem Umzug seine Frau vergaß. Ist so etwas möglich?‹ Meister Kung erwiderte: ›Das ist noch nicht die schlimmste Vergesslichkeit. Am schlimmsten ist, wenn man sich selbst vergisst.‹«

Konfuzius[7]

»Was wahr, einfach und aufrichtig ist, das ist der Natur des Menschen am gemäßesten.«

Cicero[8]

Was bringt mir das?

»Nichts steht dem Menschen weniger an als die Einbildung.«
Zenon von Kition[1]

Zu Diotima kam einmal ein sehr skeptischer Mann, etwa Mitte fünfzig, klein, untersetzt, verschlossenes Gesicht, rötliche Gesichtsfarbe mit Flecken, angespannt, als würde im nächsten Moment etwas aus ihm herausplatzen. Er polterte gleich los: Mit Philosophie habe er sich noch nie beschäftigt, von alten Weisheiten halte er nichts, das sei doch alles überholt. Wir lebten in einer ganz anderen Welt, von der die alten Philosophen keine Ahnung gehabt hätten. Über sich selbst nachgrübeln mache krank und bringe nur Verwirrung. Man verstricke sich in den eigenen Gedanken, gerate ganz durcheinander und komme nicht weiter. Er sei ein praktischer Mensch, ein Mann der Tat, der die Sachen anpacke und Probleme schnell löse, wenn sich welche zeigten. Aber eigentlich habe er keine größeren Probleme. Er sei zufrieden mit seinem Leben, ärgere sich nur manchmal über die anderen Menschen und über die Politiker.

D: Warum kommen Sie dann zu einer philosophischen Lebensberatung?

K: Ich habe einen Freund, mit dem ich mich gut verstehe, einer der wenigen. Wir treffen uns gelegentlich und unternehmen dann etwas zusammen. Er war vor Jahren bei Ihnen, und seitdem kommt er immer wieder mit Weisheitssprüchen, die ihm nicht aus dem Kopf gehen. Das stört mich ein bisschen an ihm. Es kommt mitunter zu heftigen Wortgefechten zwischen uns und dann selten zu einem Konsens. Im Übrigen aber verstehen wir uns gut. Letztens feierte er seinen 50. Geburtstag. Ich war so leichtsinnig, ihn zu fragen, was er sich zu seinem Geburtstag wünsche. Er sagte, es fehle ihm an nichts, sodass er eigentlich keinen Wunsch habe. Aber es wäre ein großes Geschenk, wenn ich mich überwinden könnte, drei Beratungsstunden bei Ihnen zu buchen. Ehrlich gesagt, ich war nicht sehr erbaut davon, willigte aber ihm zuliebe ein. Deshalb bin ich hier.

D: Ich bin keine Missionarin, die die Menschen von etwas überzeugen möchte, an das sie nicht selbst glauben. Wenn jemand mit einem Problem zu mir kommt, so sage ich ihm, was die alten Philosophen und Weisen dazu gesagt haben und was sie an meiner Stelle geraten hätten. Ich glaube, dass das Wissen und die Philosophie dieser Menschen das wertvollste Kulturerbe ist, das uns die Geschichte hinterlassen hat. Ich halte dieses Wissen auch heute noch für äußerst relevant und hilfreich, ja, hilfreicher als das allermeiste, was man in den heutigen Büchern darüber lesen kann. Das ist häufig nicht falsch, aber hat nicht die Tiefe, Reichweite und Klarheit, die ich bei den Alten bewundere. Ich sage meinen Klienten nicht, dass dieses überlieferte Weisheitswissen »wahr« ist. Ich überlasse es ihnen, sich aus dem, was ich ihnen weitergebe, das herauszusuchen, was sie anspricht und womit sie etwas anfangen können. Es gibt keine Weisheit, die immer und überall und in jeder Situation wahr und anwendbar wäre. Auch das ist ein Ausspruch der Alten. Es kommt immer auf die individuelle Situation an, auf die Person, die Rat sucht, und die konkreten Umstände des Einzelfalls, in denen sie sich befindet. Manche Weisheit muss vielleicht hinter einer anderen zurücktreten oder an die Umstände angepasst werden. Gut zu leben ist eine Kunst, Lebenskunst, keine Mathematik, keine Sache von Zirkel und Lineal. Das Schwebende und Vage macht gerade den Reiz einer eigenverantwortlichen, individuellen Lebensführung aus.

K: Aber wie können Sie etwas empfehlen, von dem Sie nicht fest überzeugt sind und woran Sie selbst nicht glauben?

D: So ist es nun auch wieder nicht. Ich glaube sehr wohl an den Wahrheitsgehalt, die Allgemeingültigkeit und Nützlichkeit der alten Lebensweisheiten. Aber sie gelten nicht »absolut«, also nicht immer, nicht uneingeschränkt, nicht in jeder Situation und für jeden Menschen. Es gibt auch nicht die »eine« Weisheit, sondern viele Weisheiten, die zwar miteinander innerlich verbunden sind und auf übereinstimmenden Vorstellungen vom Leben, von der Welt, der Natur und dem menschlichen Dasein beruhen. Sie haben einen sehr hohen Grad an Universalität und Zeitlosigkeit. Aber sie sind nicht identisch, und deshalb kann es passieren, dass Sie entscheiden müssen, welcher Weisheit in einer konkreten Situation der Vorrang zukommen soll. In der einen Situation gibt die eine Weisheit den Ausschlag, in einer anderen eine andere.

Ich gebe Ihnen ein einfaches Beispiel: Es ist gut, wahrhaftig zu sein und das zu sagen, was man denkt. Es gibt jedoch Situationen, wo wir andere verletzen, wenn wir ihnen sagen, was wir denken, oder wo wir merken, dass nicht der richtige Augenblick dafür da ist, weil wir die andere Person jetzt nicht erreichen würden. Sie würde uns nicht zuhören. Sie ist im Moment nicht aufgeschlossen und würde auf Ratschläge und kluge Sprüche empfindlich und ablehnend reagieren. In solchen Situationen ist es besser zu schweigen und auf den richtigen Augenblick zu warten. Wenn jemand wütend ist und vor Ärger überschäumt und dadurch sein Blick auf die Tatsachen verstellt ist, dann würden wir, wenn wir sagen, was wir denken, nur Öl ins Feuer schütten und die angespannte Situation noch verschlimmern, anstatt sie zu beruhigen.

K: Sehen Sie, genau das meine ich. Dieses ganze Abwägen und Infragestellen, diese Unverbindlichkeit und Vagheit, das Fehlen oder Zerreden von Prinzipien und klaren Grundsätzen: Die Philosophie verliert sich im Nebulösen und endlosen Debattieren.

D: Sie dürfen nicht das Weisheitswissen, wie es in seinen Anfängen gedacht, ausgesprochen, mündlich weitergegeben und schließlich aufgeschrieben wurde, mit der heutigen akademischen Philosophie verwechseln. Hier wird vieles nur für die Fachwelt geschrieben und bleibt für alle anderen unverständlich und unbegreiflich. Aber in der praktischen Philosophie, wie sie in der Antike entwickelt wurde, geht es um unser alltägliches Leben, um die Lebensfragen und -themen, die unmittelbar mit unserem menschlichen Dasein verbunden sind. Es werden Fragen behandelt, die sich jeder stellt: Wie lebe ich ein glückliches und erfülltes Leben? Was muss ich tun, um meine Ängste und Sorgen loszuwerden oder zumindest abzubauen, um mich weniger zu ärgern, um mich von äußeren Missgeschicken, Schicksalsschlägen, Niederlagen oder Enttäuschungen nicht herunterziehen zu lassen, um nicht unter unerfüllten Wünschen zu leiden, um mir nicht von negativen Gefühlen wie Neid, Zorn, Gier, Eifersucht die gute Laune und die Lebensfreude nehmen zu lassen, um nicht durch berufliche Überforderung krank zu werden, um eine gute Partnerschaft zu leben etc.?

K: Aber für all das brauche ich doch nicht Philosophie oder alte Weisheiten. Lebensklugheit reicht da aus.

D: Sie brauchen ein tiefes Verständnis für sich selbst, die anderen und die Welt. Finden Sie das Leben nicht manchmal schwierig, komplex und schwer zu durchschauen? Kommen Sie nicht manchmal ins Grübeln über sich selbst oder andere Menschen? Gelingt es Ihnen immer, sich von solchen negativen Gefühlen, wie ich sie gerade aufgezählt habe, zu befreien? Erleben Sie in ausreichendem Maße tiefe, ergreifende Augenblicke, die Sie beglücken oder gar zu Tränen rühren, oder menschliche Nähe, die Sie nicht missen möchten?

K: Für mich ist es wichtig, dass ich mein regelmäßiges Einkommen habe, meinen Besitzstand vergrößere und wahre, in den Urlaub fahren und mir das eine oder andere leisten kann. Ich angle, spiele regelmäßig mit meinen Freunden Skat, gehe am Wochenende ins Fußballstadion und ab und zu in die Gastwirtschaft um die Ecke, um etwas Gutes zu essen oder mit den Stammgästen ein Bier zu trinken. Eine Ehe mit Kindern habe ich hinter mir, eine zweite brauche ich nicht. Ich habe leider kein gutes Verhältnis zu meinen beiden Kindern, das stört mich ein bisschen. Aber wie könnte mir die Philosophie dabei helfen? Wie Sie sehen, gibt es keine größeren Baustellen.

D: Was das Verhältnis zu Ihren Kindern angeht, da würde Ihnen die Philosophie vielleicht helfen können. Sie lehrt nämlich, persönlichen Streit zu vermeiden und in Harmonie mit seinen Mitmenschen zu leben. Das gilt besonders im engeren Umfeld wie in der Familie. Sie könnte Ihnen zeigen, wie man dahin kommt. Dort angekommen, könnte es Ihnen vielleicht gelingen, wieder ein besseres Verhältnis zu Ihren Kindern herzustellen und den bestehenden Konflikt zu lösen. Streit in der Familie stellt immer eine seelische Belastung dar, weil die Familie ein Teil von einem ist, selbst wenn man das manchmal nicht gerne hört und nicht wahrhaben will. Längeres Miteinander und Familienbande prägen. Mit sich ins Reine kommen bedeutet, diese Verhältnisse als Teile des eigenen Selbst anzunehmen und in das Ganze der eigenen Persönlichkeit zu integrieren. Hier dürfen keine ungelösten Probleme stehen bleiben. Sie stören empfindlich das innere Gleichgewicht und den Seelenfrieden.

Das bedeutet nicht, dass wir zu allen Familienmitgliedern auf Biegen und Brechen ein gutes Verhältnis unterhalten müssen. Zum einen gehören zwei dazu, sodass es nicht nur an uns liegt, Harmonie herzustellen. Wenn der andere nicht will, können wir ihn auch nicht dazu zwingen. Zum anderen gibt es auch im engeren Familienkreis manchmal Menschen, mit denen ein friedliches, zugewandtes Verhältnis nicht möglich ist. Hier müssen wir nicht um jeden Preis versuchen, ein harmonisches Verhältnis herzustellen, sondern können uns auch abwenden. Wir sollten aber die Charaktergröße haben, die Tür zu einer Wiederherstellung eines guten Verhältnisses aufzuhalten und dies auch zu signalisieren. Wir sollten stets Bereitschaft zeigen, die Probleme und Konflikte, die zu der Entfremdung geführt haben, gemeinsam aufzuarbeiten und zu beseitigen, zu verzeihen oder umgekehrt, die eigenen Fehler einzugestehen und um Verzeihung zu bitten. Wenn wir dazu bereit sind und für uns den Konflikt aufgearbeitet und verstanden haben, dann schließt sich auch die innere Wunde, die jeder Familienzwist verursacht, ganz unabhängig davon, wie der andere reagiert und ob er bereit ist, unser Angebot zur Versöhnung zu akzeptieren.

Auf Hawaii gibt es einen uralten Versöhnungsritus, der sehr hilfreich und nützlich ist und von dem man sich wünschte, dass er auch in unseren Familien zu einer festen Gewohnheit würde. Er hat den für unsere Ohren sehr fremd klingenden Namen »ho'oponopono«. Im Wesentlichen besteht der Ritus darin, dass die Familienmitglieder sich abends versammeln und jeder sich zu Wort meldet, der meint, einen anderen verletzt oder einen Fehler begangen zu haben. Er bekennt, dass es ihm leidtue, und bittet die Anwesenden um Verzeihung. Nachdem der Vorfall diskutiert wurde, wird ihm von allen Familienmitgliedern verziehen, und die Sache ist aus der Welt. Die Seele des Bekennenden ist gereinigt, die Familie erleichtert, und die innergemeinschaftlichen Kräfte sind wieder im Ausgleich. Die familiäre Harmonie, die uns wohltut und allen Kraft, Energie, Wertschätzung und Sicherheit gibt, ist wiederhergestellt. Ein bemerkenswerter Brauch, der Tausende von Jahren alt sein soll.

K: Wie erlangt man die Bereitschaft und Fähigkeit, Menschen zu verzeihen, die einem übel mitgespielt haben oder zu denen die Brücke abgerissen ist, wodurch auch immer?

D: Ich denke, Sie müssen Ihren Panzer aufbrechen, den Sie tragen. Er lässt Sie kalt und unzugänglich erscheinen, weil er nichts durchlässt und nichts an Sie herankommen lässt. Wie sollte da jemand Lust verspüren, auf Sie zuzugehen? Sie müssen sich öffnen und bereit sein, sich anrühren zu lassen, etwas einzusehen und sich oder Ihre Einstellung gegebenenfalls auch zu ändern. Ihre Kinder werden das spüren. Die Menschen sind in solcher Hinsicht sehr feinfühlig. Mit einem Panzer kann man nicht reden. Dieser hält Ihre Kinder davon ab, sich Ihnen zu nähern und zu öffnen. Sie sollten etwas von Ihrem eigenen Innern zeigen und sie so einladen, dasselbe zu tun. Sie sollten auf sie zugehen, Wohlwollen und wahres Interesse an ihrem Leben und Tun zeigen, aufmerksam zuhören und eingehen auf das, was sie Ihnen erzählen. Machen Sie ihnen kleine Geschenke, schreiben Sie ihnen eine Karte, einen Brief oder eine E-Mail.

K: Die halten mich für verrückt.

D: Das mag sein. Aber das ist nicht immer etwas Schlimmes. Sie befinden sich mit dieser Eigenschaft in bester Gesellschaft. Ein griechischer Philosoph meinte, die Menschen, die philosophieren, gelten bei den anderen als ein bisschen verrückt. Und das stimmt in gewisser Hinsicht auch, denn »verrückt« bedeutet von seinem Wortstamm her »aus der Reihe gerückt«. Sie sind unkonventionell. Sie denken nicht wie die meisten Menschen. Sie verhalten sich nicht wie die anderen Menschen. Sie folgen nicht automatisch den herrschenden, »normalen« Vorstellungen und Konventionen, sondern nur dann, wenn sie deren Sinn eingesehen haben und die Konventionen für hilfreich und förderlich halten. Wo nicht, folgen sie ihrer besseren Einsicht und ihrer inneren Stimme. Es tut uns nicht gut, wenn wir uns dort anpassen, wo sich unser Inneres sträubt. Wir sollten uns trauen, aus der Reihe zu tanzen. Das ist der Tanz unseres Selbst, unseres Lebens und unserer Individualität. Ein richtig gelebtes Leben ist ein solcher Tanz, und es sollte uns gleichgültig sein, was die anderen darüber denken. Ständig sich anzupassen bedeutet, sich ständig zu verbiegen und nicht authentisch zu sein.

K: Aber meine Kinder werden nicht darauf eingehen.

D: Woher wissen Sie das? Haben Sie es ausprobiert? Das Leben ist immer gut für Überraschungen. Und selbst wenn es so sein sollte, dann rate ich Ihnen, es immer wieder zu versuchen. Halten Sie die Tür geöffnet und laden Sie Ihre Kinder ein, einzutreten. Reichen Sie ihnen die Hand und ziehen Sie sie so lange nicht zurück, bis die Zeit kommt, dass sie angenommen wird. Wenn Sie es ehrlich und aufrichtig meinen, dann wird dieser Zeitpunkt kommen.

Wenn er aber nicht kommt, so finden Sie selbst doch Ihre Ruhe in einer solchen Haltung. Sie brauchen sich keinen Vorwurf zu machen, nicht alles versucht zu haben, um eine Wiederannäherung zu ermöglichen. Sie haben Ihr Bestes getan, mehr brauchen Sie nicht von sich zu fordern.

Wir sollten nichts unversucht lassen, wenigstens im familiären Kreis Friede, Eintracht und Liebe herzustellen. Die Familie ist und bleibt ein Teil der eigenen Seele. Sich zu streiten oder den Kontakt abzubrechen bedeutet daher stets, einen ungelösten inneren Konflikt mit sich herumzutragen oder zu verdrängen, was auf das Gleiche hinausläuft. Ungelöste innere Konflikte sind »Knoten im Herzen«. Sie sind ungesund, beeinträchtigen die Freude am Leben und machen am Ende krank, wenn sie lange anhalten und als belastend empfunden werden.

K: Aber ich kann doch meine Kinder nicht zwingen, zu antworten und sich mit mir zu versöhnen.

D: Das ist auch für Ihren inneren Frieden nicht nötig. Zwar wäre es schön und wünschenswert, wenn es zu einer Versöhnung kommen würde. Die Chancen stehen auch gut dafür, dass es eines Tages passiert, wenn Sie dranbleiben, ohne sich aufzudrängen. Hier wie überall kommt es auch auf das rechte Maß an. Aber das Wichtige ist, dass Sie auf diese Weise mit sich selbst ins Reine kommen. Sie haben alles versucht und sich ernsthaft bemüht. Das macht ein gutes Gefühl und führt zu innerer Ausgeglichenheit und Ruhe. Mehr können Sie nicht tun.

K: Aber meine Kinder werfen mir bestimmte Dinge vor, die in der Vergangenheit passiert sind. Ich kann sie nicht mehr ändern. Sie werden mir nicht verzeihen.

D: Was passiert ist, können Sie nicht mehr ändern. Wenn Sie es für sich verarbeitet haben, werfen Sie es weg, lassen Sie es hinter sich. Die Weisheit lehrt, dass wir unvollkommene Wesen sind, die laufend Fehler machen. Darüber sollten wir nicht klagen, sondern uns bemühen, daraus zu lernen und solche Fehler nicht zu wiederholen. Schuldgefühle helfen an dieser Stelle nicht weiter, es sei denn, sie geben uns einen kräftigen Anstoß und den entschlossenen Willen, es in Zukunft besser zu machen. Aber wir sollten bei dem Geschehenen nicht stehen bleiben, sondern nach vorne blicken. Die Verzeihung, die Sie sich von Ihren Kindern wünschen, sind Sie auch sich selbst gegenüber schuldig, vielleicht sogar noch mehr. Die größte Nachsicht sollten wir gegen uns selbst üben, ohne dadurch nachlässig in unserem Bemühen zu sein, bessere Menschen zu werden. Ob die Kinder die Größe aufbringen, Ihnen zu verzeihen, wird sich zeigen. Es gibt aber nichts Geeigneteres, was Sie dafür tun könnten, als Ihre Kinder zu lieben und ihnen das zu zeigen.

Das war im Wesentlichen das, was gesprochen wurde. Bald endete das Gespräch. Der Mann hielt sein Versprechen und kam tatsächlich noch zweimal wieder. Die Atmosphäre war entspannter und weniger konfrontativ als beim ersten Mal. Der Mann taute auf und wurde mir am Ende sogar sympathisch, was anfangs gar nicht der Fall war. Dann sah ich ihn nicht wieder. Ein paar Wochen später kam eine große Kiste Wein bei uns an. Als Absender stand sein Name. Dann kam eine zweite Kiste Wein. In dem Begleitbrief meldete sich der Freund dieses Mannes und fragte, was wir mit ihm gemacht hätten, er erkenne ihn gar nicht wieder. Er sei viel umgänglicher, offener und freundlicher geworden.

Ob er inzwischen Frieden mit seinen Kindern gefunden hat, weiß ich nicht. Es würde mich für ihn freuen.

Aus den drei Gesprächen habe ich mir noch folgende Aussprüche gemerkt, die Diotima an der einen oder anderen Stelle anführte:

»Wer jede Überheblichkeit aufgibt,
der hat einen wesentlichen Schritt zur Weisheit getan.«
Bhagavadgita[2]

»Sage nicht: ›Es geht mir gut‹,
indem du dabei das Schicksal,
das in dir steckt, vergissest.«
Demotisches Weisheitsbuch,
Altes Ägypten[3]

»Der Weise kennt keinen Hochmut.
Er kennt nur das Bestreben, besser zu werden.«
Buch der Riten[4]

»Die Menschen, die meinen, viel zu wissen,
gleichen den Blinden, die ein Blinder führt.«
Upanishaden[5]

»Sich zu ändern, das erst zählt.«
Konfuzius[6]

»Greis schon bin ich und
lerne immer noch dazu.«
Solon[7]

»Es ist ein Zeichen für seelischen Fortschritt,
wenn man seinen Fehlern Aufmerksamkeit widmet.«
Plutarch[8]

»Du sagst, ich weiß schon, ich kann's schon,
und gerätst dadurch in den Schlamm.«
Buch der Riten[9]

UNSER VERHÄLTNIS ZU ANDEREN

Was möchte ich von anderen?

»Erst in der Liebe zum Menschen vollendet sich die eigene Persönlichkeit.«
Buch der Riten[1]

Eines Tages kam jemand mit folgendem Problem zu Diotima: Dass er gekommen sei, habe nichts mit ihm selbst zu tun, sondern mit den anderen. Er fühle sich wohl in seiner Haut, sei mit seinem Beruf zufrieden, in dem er erfolgreich und anerkannt sei. In der Freizeit gehe er mit Begeisterung seinen Hobbys nach, treibe viel Sport, vor allem Mountainbiking und Wandern, und unternehme größere Trekkingtouren. Vor zwei Jahren habe er die Beziehung zu einer Frau beendet. Seither sei er solo, was ihn aber nicht störe. Neulich habe er sich für zwei Wochen in eine Klinik begeben müssen, nichts Ernstes. In diesen zwei Wochen habe er keinen Besuch erhalten. Das habe er ein bisschen komisch gefunden. Dass seine beiden Geschwister nicht gekommen seien, könne er verstehen. Sie wohnten weit weg und hätten Familie. Aber einer seiner Freunde, Bekannten oder jemand aus der Firma hätte sich schon einmal zeigen oder wenigstens anrufen können. Er brauche das nicht, aber gefreut hätte es ihn. Jetzt frage er sich, ob er irgendetwas falsch mache, dass sich die anderen von ihm abwendeten.

D: Tun sie das denn wirklich? Vielleicht wenden die anderen sich gar nicht von Ihnen ab. Sie wenden sich Ihnen nur nicht in dem Maße zu, wie Sie es wünschen? Sie empfinden das als Ablehnung, weil Sie sich mehr erwarten und in dieser Erwartung enttäuscht werden.

K: Ich weiß es nicht … ich habe Freunde und unternehme mit ihnen gelegentlich auch etwas. Meine größten Freuden aber erlebe ich dann, wenn ich für mich allein Sport treibe und mich selbst besiege, wenn es mir hier gelingt, besonders anspruchsvolle Ziele zu erreichen. Dazu brauche ich keinen anderen Menschen.

D: Ja, beim Sport ist die Erfahrung, sich selbst gefordert und überwunden zu haben, vielleicht die schönste. Dazu bedarf es keiner anderen Menschen. Aber das Leben besteht nicht nur aus Sport. Können wir im Leben auf mitmenschliche Nähe verzichten? Fehlt Ihnen da nicht etwas?

K: Ich denke nicht. Auch wenn mich die Distanz der Freunde manchmal stört, so möchte ich andererseits nicht, dass das Verhältnis zu ihnen zu eng wird und meine persönliche Freiheit einschränkt. Was mich irritiert, ist, dass ich das Gefühl habe, sie lehnten mich ab.

D: Wie empfinden Sie Ihr Verhältnis zu Ihren Eltern, wie war es als kleines Kind und wie ist es jetzt?

K: Meine Eltern sind schon verstorben. Sie ließen mir früh viele Freiheiten und waren nicht sehr streng. Das gefiel mir. Es ging so weit, dass es mich schon ein wenig störte, dass sie sich so wenig um mich kümmerten.

D: Kann es sein, dass Sie sich damals unbewusst nach mehr Zuneigung und Zugewandtheit Ihrer Eltern sehnten?

K: Möglich.

D: Wünschten Sie sich damals Freunde?

K: Ja, die hatte ich auch und hing sehr an ihnen. In meine erste feste Freundin war ich total verknallt. Das grenzte an Wahnsinn. Daher war es die schlimmste Zeit meines Lebens, als sie mich wegen eines anderen verließ. Eine Welt ging unter. Ich war tot. Es dauerte sehr lange, bis ich mich davon erholte. Danach gab es noch mehrere Beziehungen. Aber es war anders. Ich hatte meine Lektion gelernt und wahrte stets eine gewisse Distanz. Ein gebranntes Kind scheut Feuer. Die Distanz bekam mir gut. Ich wurde nie mehr so enttäuscht wie beim ersten Mal. Die Beziehungen verliefen in wesentlich ruhigeren Bahnen.

D: Sehen Sie in diesen »ruhigeren Bahnen« nicht auch ein Problem?

K: Welches?

D: Vielleicht sehnen sich die Menschen nach tieferer Verbundenheit mit anderen, nach einem Gefühl von Geborgenheit und seelischem Mitschwingen. »Ruhige Bahnen«, das klingt nach einer rational arrangierten Organisation gemeinsamer Interessen zur Vermeidung von Einsamkeitsgefühlen. Unsere Sehnsucht nach einem Gefühl seelischer Zusammengehörigkeit wird damit nicht befriedigt. Ich glaube, dass diese Sehnsucht zu unseren stärksten Prägungen gehört. Wir werden vielfältig geprägt durch die Evolution, die Gene, die Erfahrungen vorhergehender Generationen, frühkindliche Prägungen, Erziehung, Sozialisation, eigene Erfahrungen, die herrschenden Meinungen und Anschauungen, gesellschaftlichen Druck etc. Die massivste Prägung aber erfahren wir vielleicht als Embryo im Leib der Mutter. Das Getragenwerden, die Wärme, der unmittelbare körperliche Kontakt im Innern des Mutterleibs, das Einssein mit der Mutter, das Umsorgtsein, das Genährtwerden, die wohlige Geborgenheit – das alles ist die erste, vielleicht nachhaltigste Prägung, die der Mensch auf seinem gesamten Lebensweg erfährt. Deshalb ist die

Liebe die stärkste Emotion, zu der wir fähig sind. Vielleicht haben die Erzählungen vom Paradies, vom Schlaraffenland, vom glückseligen Leben nach dem Tod, die wir in jeder Kultur und Religion antreffen, sowie die Sehnsucht danach ihre Wurzeln in ebenjener Urerfahrung des menschlichen Seins im Bauch der Mutter.

K: Was bedeutet das für unser Leben?

D: Wenn es so wäre, dann ist die stärkste Sehnsucht des Menschen die nach Geborgenheit, sodass wir nur dort jenes dauerhafte Glück finden, das wir uns alle wünschen. Dann brauchen wir, um gut und glücklich zu leben, menschliche Nähe, suchen Wärme, Zugewandtheit, Aufmerksamkeit, Wertschätzung. Wir wollen emotional berührt und angerührt werden, wir wollen geliebt werden. Vor vielen Jahren führte man ein grausames Experiment durch. Man ließ Kinder ohne Kontakt zu anderen Menschen aufwachsen. Sie sind gestorben. Vielleicht sterben auch wir, jedenfalls emotional, wenn wir keine tiefere Zuwendung erleben und erfahren, wenn wir uns nicht anrühren lassen und nicht selbst andere anrühren, wenn wir keine stabilen »Resonanzachsen«, keine nährenden, beglückenden Beziehungen mit anderen Menschen aufbauen und unterhalten. Es gibt manche, die meinen, erst in diesem Mitschwingen entlang funktionierender, lebendiger Resonanzachsen können wir wahres Glück erleben. Erst in gelingenden zwischenmenschlichen Beziehungen vollendet sich unser Leben und kommt an sein Ziel.

K: Eine einseitige Theorie, finde ich. Sie lässt andere Werte wie beruflichen Erfolg, gesellschaftliches Ansehen, Wohlstand und Selbstverwirklichung außer Acht.

D: Das wäre ein Missverständnis. Die von Ihnen genannten Werte bestehen daneben, und dass ihnen ein gewisser Wert zukommt, soll nicht bestritten werden. Es geht um die Frage, welche Bedeutung diesen Werten und welches Gewicht ihnen für das Gefühl eines erfüllten und glücklichen Lebens zukommt. Dass gelingende Liebesbeziehungen sowie das Liebe-Schenken und Liebe-Empfangen die letzten Ziele des menschlichen Lebens und die stärkste Sehnsucht eines jeden Menschen sind, war in allen Völkern der Welt eine weitverbreitete Auffassung. In der Verwirklichung dieser Ziele sahen viele das höchste menschenmögliche Glück. Schauen Sie sich die verschiedenen Religionen an, immer und überall ist von der Liebe die Rede. Darin kommt eine allgemeingültige Erkenntnis zum Ausdruck.

Sie dürfen dabei den Begriff der »Liebe« nicht auf das beschränken, was Sie mit Ihrer ersten Freundin erlebt haben. Gewiss war dies eine Form von Liebe, aber nur eine von vielen. Wir nennen das eher Verliebtheit, die berühmten »Schmetterlinge im Bauch«. Die Liebe ist ein weiter Begriff und umfasst alle Formen tief empfundener Zuneigung, Gefühle von innerer Verbundenheit, die auch durch große Distanz nicht aufgehoben wird, von Freude, den anderen zu sehen, mit ihm zu reden, ihn zu hören und zu erleben, den immer wieder sich erneuernden Wunsch, zusammen zu sein. Der andere ist immer irgendwie präsent, ist ein lieb gewordener Teil von uns, spricht, denkt und lebt mit und in uns, auch wenn er körperlich nicht anwesend ist.

K: Ich muss gestehen, dass ich dieses Gefühl nicht kenne. Ich habe mich auch noch nie danach gesehnt, jedenfalls nicht bewusst.

D: Das kann ich mir vorstellen, aber vielleicht liegt gerade hier das Problem. Denken Sie einmal darüber nach, prüfen Sie Ihre Beziehungen zu Ihren Freunden und Bekannten, versuchen Sie sich zu erinnern an Momente, in denen Sie von einem Menschen oder einer Begegnung berührt wurden, so tief vielleicht, dass Sie »den Tränen nahe« waren, wie man so sagt.

K: Da muss ich ehrlich gesagt passen. Jedenfalls fällt mir dazu spontan keine Situation ein. Mit meiner ersten Freundin war es irgendwie anders. Einiges von dem, was Sie über die Liebe gesagt haben, war da, anderes nicht. Es war eine heftige Leidenschaft.

D: Das ist in der Tat nicht das, wovon ich spreche. Die Liebe, die ich meine, kommt in Zweierbeziehungen im Anschluss an die Phase der Verliebtheit, manchmal erst nach Jahren des Zusammenseins. Manchmal fehlt eine oberflächlich empfundene Leidenschaft völlig, und gleichwohl empfinden wir eine tiefe, warme Zuneigung zu anderen Menschen, wenn wir sie »lieben«, wenn sie uns sehr nahestehen und uns »ans Herz gewachsen sind«.

K: Wie stellt man eine solche Nähe her? Kommt das von selbst?

D: Keineswegs. Sie müssen etwas dafür tun.

K: Was?

D: Wenn Sie geliebt werden wollen, müssen Sie lieben lernen. Sie müssen sich öffnen und auf die Menschen zugehen. Zeigen Sie ihnen Sympathie. Formulieren Sie Ihr Wohlwollen, sprechen Sie es offen aus. Schenken Sie jeder Begegnung Zeit, Aufmerksamkeit, Vertrauen und Zuwendung. Versuchen Sie, im Gespräch ganz beim anderen zu sein. Bemühen Sie sich um Wahrhaftigkeit und Authentizität im Gespräch. Tragen Sie Ihren Teil dazu bei, dass es ein Gespräch wird, bei dem sich Ihre Seelen berühren, ein Gespräch »von Angesicht zu Angesicht«. Meiden Sie Oberflächlichkeit, Belanglosigkeit und Seelenlosigkeit. Versuchen Sie, den Menschen zu erleben, und geben Sie ihm die Chance, Sie zu erleben, wie Sie sind und wie Sie sich fühlen. Nicht nur zu Menschen, die Ihnen sympathisch sind, sondern gegenüber jedermann. Haben Sie keine Angst und stehen Sie zu sich, so wie Sie sind. Das ist eine gute Übung. Interessieren Sie sich für den anderen, sein Leben, wonach er sich sehnt oder was er ablehnt. Erzählen Sie auch freimütig von sich selbst, was Sie berührt oder was Ihnen Kummer macht. Sie müssen ja nicht gleich mit Ihren Gefühlen hausieren gehen.

K: Das mache ich nicht so gerne.

D: Das glaube ich. Das ist eben Ihr Panzer, hinter dem Sie sich verstecken, der Sie unangreifbar zu machen scheint und der eine tiefere Berührung mit der Seele des anderen verhindert. Aber solche Formen von Selbstschutz zeigen nur, dass man angreifbar und verwundbar ist. Auch wenn es nicht so aussieht, lassen sie eher auf einen verletzlichen und schwachen Charakter schließen als auf einen starken. Eine gefestigte Persönlichkeit braucht keinen Panzer um sich herum. Sie braucht nichts zu verbergen und hat keine Geheimnisse. Sie kann sich geben, wie sie ist. Sie steht zu sich mit all ihren Stärken und Schwächen. Nichts ist ihr peinlich. »Ecce homo: Siehe, hier ist ein Mensch. Nichts Menschliches ist mir fremd, nicht bei anderen und auch nicht bei mir.« Solche Persönlichkeiten kann man nicht beleidigen, herabsetzen oder verletzen. Sie schöpfen ihr Selbstwertgefühl aus sich selbst. Anerkennung und Wertschätzung von anderen nehmen sie gerne entgegen, brauchen sie aber nicht für ihr Selbstbewusstsein. Herabsetzungen gehen bei ihnen ins Leere. Negative Prägungen haben sie aufgearbeitet, abgelegt oder doch in den Griff bekommen. Innere Wunden aus früheren Zeiten sind verheilt. Da ist keine Stelle, in die man einen Finger legen könnte, sodass es wehtun würde.

Die Alten sagten, solche Menschen sind unangreifbar und unverletzlich. Man kann ihren Körper verletzen, ihnen den Besitz oder Beruf wegnehmen, ihre gesellschaftliche Stellung und ihr Ansehen zerstören, aber ihre seelische Integrität bleibt unangetastet.

K: Das hört sich gut an, aber so bin ich nicht.

D: Dann bemühen Sie sich, so zu werden! Machen Sie sich auf den Weg! Versuchen Sie, etwas von diesem Ideal in sich zu realisieren. Denken Sie an Menschen, die dieses Ideal verwirklicht haben oder ihm nahe kamen, lebende oder tote. Nehmen Sie sich diese zum Vorbild und versuchen Sie, an diesen Vorbildern innerlich zu wachsen und stärker zu werden. Es liegt nur an Ihnen. Sie werden eine ganz neue Dimension Ihrer Existenz und Ihrer Emotionalität kennenlernen. Sie werden weicher, wärmer, zugänglicher, mitfühlender, lebendiger. Jegliche Bemühung in diese Richtung wird Sie vorwärtsbringen und Sie stärker machen, sei es auch nur in kleinen Schritten. Auch wenn Sie das Ideal nicht erreichen – vielleicht erreicht es keiner von uns –, so werden Sie doch ein starker Charakter, der in jeder Situation den Mut hat, sich zu sich selbst zu bekennen und sich anderen zu zeigen, wie Sie sind, wie Sie denken und fühlen.

K: Das schaffe ich nicht. Das entspricht nicht meinem Naturell.

D: Woher wissen Sie das? Sie haben es ja nicht einmal versucht.

K: Ich weiß nicht, ob ich das brauche. Ich fühle mich auch jetzt lebendig. Ich mache, was ich will, es macht mir Freude, und niemand redet mir rein oder macht mir Vorschriften.

D: Manche sagen, dass die Lebendigkeit erst dort anfange, wo wir von anderen Menschen tiefer berührt werden. Bleiben die sozialen Kontakte an der Oberfläche und reichen sie nicht bis tief in unser Inneres, dann fehlt etwas

Wesentliches im Leben. Dann wird die Sehnsucht nach Nähe und Geborgenheit nicht erfüllt, wir erleben nicht annähernd, was wir im Mutterleib als so wohltuend und als eine Art Paradies empfunden haben. Unser Körper hat ein gutes Gedächtnis. Diese Sehnsucht bleibt unerfüllt, und das macht sich über kurz oder lang bemerkbar. Es fehlt etwas Wesentliches. Wir verspüren Leere in unserer Seele, wir rühren nicht an die Wurzeln unserer Existenz. Wir kommen nicht zurück zu unserem Ursprung, woher wir gekommen sind.

Wenn Sie die Menschen fragen, ob sie wirklich glücklich sind, bekommen sie häufig eine ausweichende Antwort. Das liegt zum einen daran, dass sich Sehnsucht immer wieder erneuert und dass deshalb immer wieder das Gefühl aufkommt, es fehle etwas. Das ist gut so, denn Sehnsüchte, Wünsche und Ideale sind der Motor, der uns in Bewegung versetzt. Leben ist Streben. Aber es gibt auch Menschen, und es sind nicht wenige, die sich deshalb nicht glücklich fühlen, weil ihnen erfüllende, nährende, tragende Resonanzbeziehungen zu anderen Menschen fehlen. In ihrem Leben gibt es keine zwischenmenschliche Wärme, oder es gibt zu wenig davon. Nur solche tieferen Beziehungen zu anderen Menschen machen das Leben sinnvoll. Wo wir aber keinen überzeugenden Sinn in unserem Leben finden, bewusst oder unbewusst, da wachsen Unbehagen und Unzufriedenheit, Entfremdung und das Gefühl von Leere.

K: Mmh … da muss ich einmal drüber nachdenken.

D: Tun Sie das. Nachdenken und nachspüren, in sich hineinhorchen, sich beobachten, besonders im Umgang mit anderen, auf Ihre Gefühle achten. Schreiben Sie Ihre Beobachtungen und Empfindungen auf. Aber übertreiben Sie die Selbstbeobachtung nicht. Alles in Maßen. Nicht auf die Menge an Stunden kommt es an, die Sie darauf verwenden, sondern auf Regelmäßigkeit, Beharrlichkeit und Kontinuität. Jeden Tag ein paar Minuten, vielleicht vor dem Schlafengehen, das kann schon ausreichen, wenn Sie es dauerhaft so handhaben. Legen Sie sich ein Notizbuch zu und notieren Sie, was Sie im Umgang mit anderen erleben, insbesondere wenn Sie sich in der beschriebenen Weise ausprobieren, wenn Sie sich hervorwagen und sich zeigen. Haben Sie Selbstvertrauen und sagen Sie »Ja« zu sich mit all Ihren Schwächen und Defiziten! Auch die anderen haben ihre Schwächen. Bauen Sie in sich selbst ein starkes Selbstwertgefühl auf. Konzentrieren Sie sich auf das, was Sie bereits geleistet haben, auf Ihre Talente und Fähigkeiten.

K: Gut. Vielleicht versuche ich es einmal. Wenn ja, komme ich wieder.

Er kam wieder, nicht nur einmal. Die Gespräche verliefen nach meinem Eindruck anfangs zäh, die Argumente wiederholten sich, und irgendwie drehten sich die Gespräche im Kreis. Erst nach einiger Zeit änderte sich das. Eines Tages begann er, von seinen Erlebnissen und Gefühlen zu sprechen, dass er in letzter Zeit ungewöhnlich angenehme Erfahrungen gemacht habe, die er so vorher nicht kannte. Manchmal war er richtig euphorisch. Offenbar gab es aber auch Rückschläge und Zweifel. Er kam jedoch immer wieder. Nach etwa einem Jahr endeten die Besuche. Dafür erhielt Diotima eine hübsche Einladungskarte zu seiner Hochzeit. Ich weiß nicht, ob sie hinging. Ich glaube schon. Ich bin sicher, dass sie sich sehr darüber freute.

Ich notierte mir noch folgende Sätze Diotimas:

»Er ist zufrieden und gütig.
Darum vermag er Liebe zu üben.«
I Ging[2]

»Wer niemand Liebe erweist, kann, wie mir scheint,
auch bei niemand Liebe finden.«
Demokrit[3]

»Anhänglichkeit an die Nächsten ist Liebe.
Dehne dieses Gefühl aus auf die ganze Welt!«
Menzius[4]

»Gelebte Liebe ist ein Teil der Lebensweisheit.«
nach Patañjali[5]

»Ich will dir einen Liebestrank verraten
ohne Arznei, ohne Heilkräuter, ohne den Zauber
irgendeiner Giftmischerin:
wenn du geliebt werden willst, so liebe!«
Hekaton[6]

»Einem Leben ohne Frau und Kinder
fehlt die Krone.«
Antipatros von Tarsos[7]

»Der Weg des Menschen ist die Liebe
zu den Nächsten.«
Buch der Riten[8]

»Traurig bestellt ist es um den,
der die Liebe vernachlässigt.«
Yoshida Kenko[9]

»Deine Hand liegt auf meiner Hand.
Meinem Leib ist wohlgetan.
Mein Herz ist in Freude,
Weil wir zusammen gehen.

Deine Stimme zu hören, ist mir Süßwein.
Ich lebe davon, sie zu hören.
Jeder Blick, mit dem ich angesehen werde,
Nützt mir mehr als Essen und Trinken.«

Altes Ägypten[10]

Was kann ich von anderen erwarten?

»Nur wenn wir gegenseitig Nachsicht üben, kommen wir zur Ruhe.«
Seneca[1]

Eine etwa dreißigjährige Frau kam zu Diotima und sagte ihr, sie habe ihren Glauben an die Menschheit verloren. Sie könne nicht verstehen, was in den Köpfen der meisten Menschen vorgehe. Ständig werde sie enttäuscht. Verabredungen und Versprechungen würden nicht eingehalten. Alle dächten nur an sich. Selbst ihre besten Freundinnen seien nicht da, wenn man sie brauche. Sie würden nur helfen, wenn sie selbst einen Vorteil davon hätten oder es ihnen sowieso in den Kram passe. Ständig redeten sie nur von sich und ihren Problemen. Überall stoße sie auf Selbstbezogenheit und Egoismus. Da falle das Zuhören schwer. Sie könne sich auf niemanden verlassen. Das mache sie sehr frustriert und traurig. Sie frage sich, ob es an ihr liege.

D: Das tut es ganz bestimmt.

K: Inwiefern? Ich bin nicht so. Ich verhalte mich anders. Wieso können sich die anderen nicht auch so verhalten? Ich halte mein Wort und sage keine Verabredungen ab. Ich lasse alles stehen und liegen, wenn mich jemand um Hilfe bittet. Ich würde mein letztes Hemd für einen mir nahestehenden Menschen geben, wenn es sein muss.

D: Das meine ich nicht.

K: Was dann?

D: Wir können nur enttäuscht werden, wenn wir uns vorher getäuscht haben. Ent-täuschung ist die Erkenntnis, dass wir zuvor einer Täuschung erlegen waren, dass wir ein falsches Bild von der Welt oder den anderen oder uns selbst gehabt haben, dass unsere Illusionen nicht mit der Wirklichkeit übereinstimmten.

K: Wie meinen Sie das?

D: Sie haben hohe ethische Werte, und das ist gut so. Dass Sie aber diesen Maßstab an das Verhalten anderer anlegen, entsprechende Erwartungen an sie haben und sie danach beurteilen, das führt zu Enttäuschungen. Woher nehmen Sie das Recht, von den anderen zu verlangen, dass sie die Werte, Anschauungen und Ansprüche teilen, die Sie an sich selbst stellen? Wieso nehmen Sie die anderen nicht so, wie sie sind? Wenn Sie sich in der Welt und in Ihrem Mitsein mit anderen wohlfühlen wollen, dann sollten Sie von der Welt und ihren Menschen ein möglichst realistisches Bild haben. Sie müssen der Wahrheit ins Gesicht sehen und Ihr Denken, Wollen und Verhalten entsprechend einstellen und nicht entsprechend Ihrer Wunschvorstellung.

Sie erheben sich mit Ihren hohen moralischen Ansprüchen über die Welt und ihre Menschen, anstatt sich einzufügen und die Welt anzunehmen, wie sie ist. Für sich selbst können Sie jeden erdenklichen Maßstab wählen. Es ist für Ihr Wohlbefinden sogar von zentraler Bedeutung, welche Werte Sie haben, welche Haltungen Sie prägen, was für Sie Maß und Mitte ist. Aber lassen Sie den anderen dieselbe Freiheit, insbesondere dann, wenn Sie den Maßstab der anderen nicht teilen. Erwarten Sie nicht zu viel von den anderen Menschen, am besten gar nichts. Freuen Sie sich, wenn Ihnen von den Menschen Gutes zuteilwird, bleiben Sie aber heiter und gelassen, wenn nicht. Wir alle sind weit vom Ideal eines weisen, guten Menschen entfernt, haben alle unsere Schwächen und Defizite und leben mehr oder weniger selbstbezogen, um nicht zu sagen egoistisch. Diese Einsicht gehört zu den Lebenstatsachen, die wir akzeptieren müssen. Wir dürfen uns nichts vormachen. Trotzdem können wir auch in jedem Menschen etwas Gutes finden und sollten an der Welt, wie sie ist, nicht verzweifeln. Sie hat viel Schönes zu bieten.

K: Wie soll ich das verstehen? Was heißt das konkret? Was soll ich tun?

D: Im Verhältnis zu sich selbst sollten Sie versuchen, sich, Ihren Werten und Idealen, Ihren Anlagen und Schwächen gerecht zu werden. Genauso sollten Sie sich auch anderen Menschen gegenüber verhalten: Versuchen Sie, ihnen gerecht zu werden, zu erkennen, wie sie sind, warum sie so sind, und versuchen Sie, sich darauf einzustellen. Wenn Sie den Eindruck haben, die anderen sind unzuverlässig, unachtsam, selbstbezogen und rücksichtslos, so sollten Sie keine Erwartungen an sie stellen, die dieser Lebenserfahrung widersprechen. Hegen Sie keine Hoffnungen, welche die anderen Menschen nicht erfüllen können oder nicht erfüllen werden. Das muss zwangsläufig zu Frustrationen führen. Vertrauen Sie nicht auf die Worte und Versprechungen der anderen, sondern gehen Sie entsprechend Ihrer bisherigen Erfahrungen davon aus, dass sie häufig nicht zu ihrem Wort stehen und Versprechungen nicht einhalten werden. Wenn Sie eine solche Haltung einnehmen, dann können Sie nicht enttäuscht werden. Und kommt es einmal anders und erweist sich ein Mensch zum Beispiel als zuverlässig, dann freuen Sie sich darüber.

K: Aber ist es nicht traurig, so zu denken? Wird man nicht zum Pessimisten und Menschenhasser?

D: Erst einmal sind Sie mit dieser Einstellung vor allem Realist, und das ist gut. Über die Realität dürfen wir uns nichts vormachen. Wenn Sie das einsehen, leben Sie in und mit der Wahrheit. Es gibt nichts Besseres. Wenn Sie jedoch falsche Vorstellungen haben, können Sie mit den Dingen nicht angemessen umgehen. Sie werden zu anderen Menschen kein tragfähiges Verhältnis aufbauen. Immer wieder wird es zu Konflikten kommen, weil die Dinge, Verhältnisse und Menschen nicht so reagieren und sich nicht so entwickeln, wie Sie sich das vorstellen.

Ferner gilt es, die eigenen Wertvorstellungen zu überprüfen. Woher kommen sie? Sind sie gerechtfertigt? Dürfen wir einen Maßstab an die Welt und die Menschen legen, der für sie inadäquat ist und sie überfordert? Wer gibt uns das Recht, unsere Maßstäbe für allgemeingültig zu halten?

K: Aber ist es nicht das Wichtigste im Leben, Werte zu haben und dafür einzustehen?

D: Das ist richtig, gilt aber zunächst nur für Sie selbst, Ihre inneren Haltungen, Ihr Denken, Wollen und Verhalten. Es wäre anmaßend und überheblich, die eigenen Maßstäbe und Werte für allgemeingültig zu halten und sie anderen aufzuzwingen. Seien Sie zurückhaltend damit, seien Sie selbstkritisch und gestehen Sie den anderen das Recht zu, nach ihren eigenen Vorstellungen zu leben. Sie brauchen ja deren Meinung nicht zu teilen. Sie können sich durchaus konstruktiv mit ihnen auseinandersetzen und versuchen, sie von Ihrer Meinung zu überzeugen. Gegenüber Freunden und Familienangehörigen ist das sogar Ihre Pflicht, diese auf Defizite und Schwächen hinzuweisen, die sie nicht bemerken. Aber tun Sie es behutsam und mit dem Bewusstsein, dass Ihre Wahrnehmung möglicherweise nicht zutrifft. Enthalten Sie sich eines allgemeingültigen Urteils und beschränken Sie sich darauf, die eigenen Werte in erster Linie für sich selbst und das eigene Handeln und Leben für verbindlich zu halten. So gewinnen Sie Gelassenheit und Seelenruhe. Sie reiben sich nicht mehr an dem Verhalten, den Ansichten und den Äußerungen der anderen auf. Möglicherweise öffnen Sie sich durch eine solche Haltung dem Standpunkt anderer und erkennen vielleicht, dass Sie Ihre eigenen Werte überprüfen und neu justieren müssen. Vielleicht stellen Sie fest, dass nicht die anderen, sondern Sie selbst sich geirrt haben. Es kann helfen, sich zu sagen, dass man im Grunde nichts weiß. Wer glaubt, er wüsste alles und lebe in der Wahrheit, verschließt sich besseren Argumenten.

K: Aber wie kommt man zu einer solchen Einstellung?

D: Üben, üben, üben, im Denken, Wollen und Tun. Sagen Sie sich immer wieder: Vielleicht irre ich mich. Beharren Sie in Diskussionen nicht um jeden Preis auf Ihrer Meinung. Hören Sie hin, was die anderen sagen. Stellen Sie Fragen, solange Ihnen die Meinung der anderen unklar erscheint. Halten Sie sich zurück mit eigenen Bewertungen und vorschnellen Urteilen. Respektieren Sie die anderen, selbst wenn Sie nicht mit dem einverstanden sind, was diese tun, denken, sagen und wollen. Erwarten Sie nichts und haben Sie für Unternehmungen, an denen auch andere maßgeblich beteiligt sind, stets einen Plan B. Freuen Sie sich, wenn die Unternehmung wie geplant gelingt. Machen Sie den anderen aber keine Vorhaltungen, wenn nicht. Das ruft in Ihnen selbst nur negative Gefühle hervor. Sagen Sie sich stets: »So sind die Menschen, ich weiß es ja.« Suchen Sie nicht so viel die Fehler der anderen, sondern denken Sie an ihre Qualitäten und halten Sie sich diese immer vor Augen.

K: Das wird mir schwerfallen.

D: Stellen Sie sich eine Bergwanderung vor. Am Anfang ist der Weg steil, beschwerlich, steinig, haben Sie aber einmal Höhe erreicht, dann wird es immer leichter und einfacher. Dann schweift Ihr Blick in großer, luftiger Höhe, und Sie erfreuen sich an ihm.

Die Klientin war nur ein einziges Mal da, aber später sah ich eine Postkarte von ihr. Sie enthielt neben herzlichen Grüßen nur zwei Worte: »Es funktioniert!«

Folgende Aussprüche Diotimas habe ich mir noch notiert, die ich als hilfreich für mein eigenes Einüben in Gelassenheit und Duldsamkeit ansah:

»Wer die Welt nicht versteht,
wird sich von Ärger nicht befreien können.«
Epikur[2]

»So bedenkt der Weise den schlechten Ausgang
und rüstet sich im Voraus dagegen.«
I Ging[3]

»Dein Wollen bestimmt dein Schicksal.«
Upanishaden[4]

»Was bei Enttäuschungen Kummer bereitet,
ist das Überraschungsmoment.«
Plutarch[5]

»Milde zu sein mit allen Leuten
ist das Lob des Weisen.«
Altes Ägypten[6]

»Dem ganzen Menschengeschlecht
ist man Nachsicht schuldig.«
Seneca[7]

»Übe dich an den Widrigkeiten von
Feinden und Fremden.«
Plutarch[8]

»Was entwaffnet den Zorn des Weisen? Die Massenhaftigkeit der Fehlenden (solcher, die Fehler begehen) … Der Weise wird den Fehlenden nicht zürnen. Warum? Weil er weiß, dass niemand von Geburt ein Weiser ist, sondern es erst wird. Weiß er doch, dass im ganzen Verlauf der Zeit nur verschwindend wenige weise werden; denn er weiß genau Bescheid über die Beschränktheit des Menschenlebens; kein Vernünftiger aber zürnt der Natur … Also friedlich gestimmt und nachsichtig gegen Verirrungen, kein Feind der Fehlenden, sondern als Führer zum Besseren verlässt der Weise täglich sein Haus mit dem Gedanken: ›Es wird mir gar mancher Trunkenbold begegnen, gar mancher Wollüstling, gar mancher Undankbare, gar mancher Geizhals, gar mancher von den Furien des Ehrgeizes Verfolgte.‹ Alles dies wird er so gelassen und freundlich ansehen wie der Arzt seine Kranken.«
Seneca[9]

Wie wehre ich mich gegen Anfeindungen?

»Welche Gemütsruhe gewinnt der Mensch, der sich nicht darum kümmert, was der andere sagt, tut oder denkt, sondern nur darum, was er selber tut.«
Mark Aurel[1]

Eines Tages kam eine sehr verzweifelte Frau zu Diotima. Sie werde auf ihrer Arbeitsstelle massiv gemobbt, sagte sie. Seit zwanzig Jahren arbeite sie in einem mittelständischen Betrieb. Die Arbeit habe ihr immer Freude gemacht. Sie übe ihren Job stets gewissenhaft aus. Es habe nie Kritik gegeben. Seit einem halben Jahr habe sie einen neuen Chef. Jetzt sei alles anders, ihre Arbeit die Hölle. Ihr Chef schikaniere sie, wo er nur könne. Die Arbeiten, die er ihr aufgebe, entsprächen in keiner Weise dem, was sie bisher gemacht habe. Es sei entweder zu viel oder die gestellten Aufgaben unterforderten sie. Wenn sie eine übertragene Arbeit nicht schaffe (was niemand in der vorgegebenen Zeit schaffen könne), dann mache er sie runter und stelle sie vor den Kollegen bloß. Wenn sie sich wehre, eskaliere die Situation sehr schnell, und es fielen verletzende Worte. Die ganze Situation belaste sie sehr. Der Konflikt gehe ihr nicht aus dem Kopf und verdränge alles andere. Sie könne sich nicht mehr richtig freuen und schlafe schlecht. Wenn sie von der Arbeit nach Hause komme, müsse sie ihre ganze Frustration erst einmal bei ihrem Mann abladen. Dem falle es zunehmend schwerer, immer wieder dieselben Klagen mit anhören zu müssen. Er beginne, generevt und aggressiv zu reagieren. Die Ehe leide darunter. Sie selbst sei sehr gereizt, dünnhäutig und fahre beim geringsten Anlass aus der Haut, auch wenn es nur Nichtigkeiten seien. Sie habe Angst, dass sie keinen Job mehr bekomme, wenn sie kündige. Außerdem liebe sie die Firma und das, was sie tue.

Sie sagte noch einiges mehr. Es drehte sich aber immer um dasselbe Problem. Diotima hörte geduldig zu, ließ sie ausreden und schwieg für einen Moment, nachdem die Frau mit ihren Klagen geendet hatte. Dann sagte sie:

D: Das ist ein schwieriges Problem. Aber ich möchte Sie nicht entmutigen. Es gibt kein Lebensproblem, das der Mensch nicht mit Weisheit, Entschlossenheit, Mut und Beharrlichkeit lösen kann, wenn es auch manchmal eines tieferen Nachdenkens bedarf und viel Überwindung, Kraft, Übung und Zeit kostet. In Ihrem Fall gibt es mehrere Fäden, an denen Sie spinnen müssen, um das ramponierte Kleid in Ordnung zu bringen. Zum einen müssen Sie sich fragen: Was kann ich tun, um die äußere Situation so zu verändern, dass ich nicht mehr leide oder es doch dahin bringe, dass ich damit leben kann? Wie komme ich wieder zu mir selbst, mit mir ins Reine, beende das massive Störfeuer und gewinne wieder Freude am Leben und an der Arbeit? Zum anderen: Wie kann ich meine inneren Einstellungen, Gedanken und Gefühle so ändern, dass die Belastung und das Leiden aufhören?

K: Was bedeutet das konkret? Was kann ich tun?

D: Sagen *Sie* es mir! Welche Möglichkeiten haben Sie? Sie haben bestimmt schon an das eine oder andere gedacht oder vielleicht sogar ausprobiert.

K: Ich könnte den Betriebsrat einschalten oder kündigen. Aber wenn ich zum Betriebsrat gehe, fürchte ich, dass alles nur noch schlimmer wird.

D: Geht es denn noch schlimmer?

K: Mein Chef könnte noch mehr Druck ausüben und mich endgültig rausekeln.

D: Vielleicht reißt er sich aber auch am Riemen. Auch er hat etwas zu verlieren, etwa seinen Ruf in der Firma, sein Ansehen bei seinen Vorgesetzten und Mitarbeitern. Möglicherweise stört ihn das Gerede, wenn der Betriebsrat interveniert.

K: Das wäre schön, aber ich bin da sehr skeptisch.

D: Sie mögen recht haben. Eine andere Möglichkeit der Einflussnahme haben Sie aber nicht genannt.

K: Welche?

D: Sie könnten versuchen, mit ihm zu reden. Haben Sie das schon einmal ausprobiert?

K: Nein. Das halte ich auch für völlig hoffnungslos. Die Spannungen und Feindseligkeiten zwischen uns sind zu groß.

D: Sie sollten es trotzdem versuchen.

K: Wie soll ich das anstellen?

D: Zunächst müssen Sie über Ihren eigenen Schatten springen, Ihre negativen Gefühle ihm gegenüber, soweit es geht, zügeln und den Menschen in ihm suchen. Versuchen Sie eine Brücke zu ihm zu bauen. Packen Sie ihn bei seiner Eitelkeit, indem Sie etwa mit folgenden Worten auf ihn zugehen: »... Ich brauche Ihre Hilfe und Ihren Rat, hätten Sie einmal Zeit für mich ... Ich habe das Gefühl, dass Sie mit meiner Arbeit nicht zufrieden sind. Ich bin überzeugt, dass Sie dafür Gründe haben. Sie würden mir sehr helfen, wenn Sie mir diese Gründe erläutern könnten, denn ich glaube, ich verstehe da etwas noch nicht. Sie haben den Blick von außen und bemerken Dinge, die mir nicht auffallen … Wenn es da etwas gibt, was ich besser machen kann, so will ich es gern versuchen.« Machen Sie sich klein und ihn groß, selbst wenn Sie das tatsächlich ganz anders sehen. Vielleicht ist es auch ganz anders. Aber es geht nicht darum, wer recht hat. Es geht hier nur darum, ihn seinerseits einzuladen, über seinen Schatten zu springen und mit Ihnen offen zu sprechen. Dazu ist man eher geneigt, wenn man sich nicht verteidigen muss, sondern im Gegenteil von dem anderen gebeten wird, »seine Weisheit und seine Einsichten zu teilen«.

K: Vielleicht finde ich den Mut, es einmal zu versuchen, aber ich bin skeptisch.

D: Vergessen Sie Ihre Skepsis für einen Moment und sagen Sie sich, bevor Sie ihn ansprechen, dass auch er ein wertvoller Mensch ist, der wie jeder Mensch Schwächen, aber auch seine Qualitäten hat.

Selbst wenn Ihre Befürchtung eintritt und weder ein Gespräch noch sonst eine Maßnahme an dem gegenwärtigen Zustand etwas ändert, sodass Ihnen kein anderer Ausweg bleibt, als zu kündigen: Was hätten Sie verloren?

K: Meinen Job, mein Gehalt, meine Kollegen. Ich wäre arbeitslos und mein soziales Ansehen beschädigt. Die Leute würden denken, es läge an mir.

D: Ja und? Ist das das Wichtigste in Ihrem Leben? Sind die von Ihnen angeführten Güter und Werte Selbstzweck? Leben Sie, um zu arbeiten, um Geld zu verdienen, für Ihre Kollegen, für Reputation und Ansehen? Ist es nicht das Wichtigste, dass Sie sich in Ihrem Leben wohlfühlen, dass Sie Frieden in sich selbst finden und aus vollem Herzen »Ja« sagen können zu Ihrer Lebensweise und den Umständen und Verhältnissen, in denen Sie leben? Wie sieht es denn damit zurzeit aus? Ich habe den Eindruck, Sie sind sehr unglücklich und fühlen sich überhaupt nicht wohl in

Ihrer Haut, obwohl Sie den Job noch haben, Gehalt beziehen und nicht mit dem vermeintlichen Makel der Arbeitslosigkeit behaftet sind. Gewiss sind die von Ihnen angeführten Güter wie Verdienst, Ansehen, berufliche und gesellschaftliche Stellung wichtige Faktoren dafür, dass Sie mit Ihrem Leben zufrieden sind. Aber was nutzen sie Ihnen, wenn Sie trotzdem unglücklich sind, wenn Sie leiden, verzweifeln und Ihre Ehe auf dem Spiel steht, und das alles schon seit Monaten, ohne dass sich ein Ende abzeichnet?

Und wer sagt überhaupt, dass Sie auf das, was Sie im Falle einer Kündigung aufgeben, dauerhaft verzichten müssen? Vielleicht bekommen Sie einen anderen Job, möglicherweise sogar einen besseren, der Sie mehr erfüllt? Auf jeden Fall sind Sie zunächst einmal von dem Druck, der Belastung und dem Leiden des Mobbings befreit und können damit beginnen, Ihre Seele von dieser Krankheit zu heilen. Denn eine derart quälende Arbeitssituation, wie Sie sie zurzeit durchleben, ist nichts anderes als eine mentale Krankheit, massivster Stress, der über kurz oder lang in eine körperliche Krankheit umschlägt, wenn er nicht beendet wird.

Dauerhafter Stress lastet nicht nur auf der Seele und dem Gemüt, sondern beeinträchtigt auch massiv das Netzwerk von Nerven-, Hormon- und Immunsystem Ihres Körpers. Denn diese Systeme sind eng miteinander verbunden und reagieren sehr empfindlich auf anhaltenden Stress. Häufig endet dauerhafte seelische Belastung in einer körperlichen Krankheit. Sie kann jede Form und jeden Grad erreichen bis hin zu schwersten Krankheiten wie Darmerkrankungen, Organschädigungen, Herz-Kreislauf-Beschwerden, Infarkten oder Krebs. Was nutzt Ihnen dann der Job, das Gehalt, die Kollegen oder Ihre gesellschaftliche Stellung?

K: Aber vielleicht hört es ja von selbst auf? Vielleicht bleibt er nicht lange auf diesem Posten?

D: Gibt es dafür Anzeichen?

K: Nein.

D: Wie lange besteht die Situation schon so, wie sie ist?

K: Etwa ein Dreivierteljahr.

D: Dann sollten Sie sich nichts vormachen und sich keinen falschen Illusionen hingeben, sondern die Realität so sehen, wie sie ist, auch wenn Sie es sich anders wünschen. Sich selbst betrügen, ist von allem das Schlimmste. Dem folgt das Unglück auf dem Fuß. Sie kommen in kein besseres Fahrwasser, wenn Sie den Tatsachen nicht ins Auge sehen und entschlossen und mutig das tun, was die Situation fordert. Kein Leben kann gelingen, wenn es die Realität ignoriert.

K: Und was fordert die Situation?

D: Heilung! Dass Sie dringend und sofort etwas ändern. Wenn Sie krank sind, ist es auch nicht ratsam, die Einnahme notwendiger Medikamente oder eine notwendige Therapie hinauszuschieben. Man braucht nicht gleich zum Arzt zu gehen, aber ein Dreivierteljahr damit zu warten, obwohl die Krankheit anhält oder sich sogar verschlimmert, ist nicht ratsam und kann zu irreparablen Schäden führen.

K: Aber ich habe Angst, den Job zu verlieren und dann ohne Einkommen dazustehen.

D: Gibt es etwas Wichtigeres im Leben als die Gesundheit und seelisches Wohlbefinden? Was nützen Ihnen Job, Gehalt und gesellschaftlicher Status, wenn Sie unglücklich sind und krank werden? Wenn Sie es klug anstellen, gegebenenfalls mithilfe des Betriebsrats, lassen Sie sich kündigen oder schließen einen Aufhebungsvertrag, beziehen Arbeitslosengeld und haben etwas Luft, wieder zu sich zu kommen, Kraft und Selbstvertrauen zu schöpfen und etwas anderes zu finden. Hier in Deutschland verhungert niemand. Nach einer Durststrecke geht es in der Regel wieder bergauf, wenn Sie daran glauben und dafür arbeiten. Das sollten Sie sich immer wieder vor Augen halten. Keine Heilung ist umsonst und fordert häufig Einschränkungen, Duldsamkeit und das tapfere Aushalten einer vorübergehenden seelischen Belastung. Sie haben noch nicht das Alter erreicht, das Sie vom Arbeitsmarkt ausschließt. Sie haben etwas gelernt, Sie können etwas, Sie haben Erfahrung, und ich habe den Eindruck, dass Sie Ihre Arbeit bisher gut gemacht haben. Das können Sie auch an einer anderen Arbeitsstelle unter Beweis stellen. Es wird sich schon etwas finden, vielleicht sogar etwas Besseres, mit Kollegen, die noch angenehmer sind als die jetzigen. Vielleicht kommt es zu einer interessanten neuen Herausforderung, an der sie reifen und wachsen. Wer kann das vorhersehen? Wenn wir es aber nicht wissen, dann liegt es ausschließlich an Ihnen, ob Sie mit Optimismus oder Skepsis in die Zukunft blicken. Skepsis und Pessimismus sind unvernünftig, denn sie trüben die Gegenwart mit Zukunftsvisionen, die vielleicht nie eintreten. Sie holen ein drohendes Unglück vorzeitig in die Stube, obwohl es gar nicht hineinwill. Optimismus dagegen gibt Ihnen Kraft, Zuversicht und Selbstvertrauen, mit denen Sie jedes trübe Tal durchschreiten können. Achten Sie daher auf Ihre Gedanken und Einstellungen, üben Sie sich in gesunden, positiven und nährenden Vorstellungen und gewöhnen Sie sich gegenteilige Gedanken ab.

K: Das fällt mir schwer. Ich habe Angst vor dem Tal.

D: Denken Sie gründlich nach und machen Sie sich bewusst, was wirklich zu fürchten ist und was nicht. Wirklich zu fürchten ist, dass Sie weiterhin gemobbt werden, sich unglücklich fühlen, der starke Stress unvermindert anhält und ein schwerwiegender ungelöster Konflikt Ihr inneres Wohlbefinden stört, dass Sie krank werden und die Ehe auseinanderbricht. Dagegen ist die Ungewissheit, wie es weitergeht, das deutlich geringere Problem und Übel. Überwinden Sie Ihre Angst, vertrauen Sie auf sich und Ihre Qualitäten und seien Sie zuversichtlich. Leben ist stets Veränderung und immer wieder mit Verlusten und Wandlungsprozessen verbunden. Nehmen Sie das an. Wir leben im Unversicherbaren. Viele wollen das nicht wahrhaben. Hören Sie nicht auf sie, sagen Sie »Ja« zum pulsierenden Leben und zu Veränderungen. Entdecken Sie darin Chancen und Möglichkeiten. Trauern Sie keinem Verlust nach, lassen Sie los und seien Sie bereit, sich vorübergehend aus der Komfortzone herauszubegeben. Sagen Sie sich, dass es schon irgendwie weitergehen wird, und seien Sie optimistisch. Machen Sie sich immer wieder klar, dass die mit einem Jobwechsel verbundenen Unwägbarkeiten besser sind, als weiter in extremer Entfremdung zu leben, das heißt in einer Situation oder in Umständen, in denen Sie nicht Sie selbst sein können, sich in Ihrer Haut nicht wohlfühlen, die Sie spaltet und innerlich zu zerreißen droht. Das nämlich ist es, was Sie zurzeit durchmachen. Wenn es das Schlimmste ist, sich selbst zu betrügen, so ist inneres Gespaltensein das Zweitschlimmste.

K: Aber was werden die anderen denken?

D: Denken Sie nicht an die anderen, denken Sie an sich. Sie müssen sich entscheiden, entweder das Leben der anderen zu leben, nämlich so, wie die anderen sich das vorstellen oder es von Ihnen erwarten, oder Ihr eigenes. Wenn Sie sich von den Meinungen der anderen nicht unabhängig machen, werden Sie nicht zu sich selbst kommen, in die behagliche Geborgenheit im eigenen Innern, in das Wohnen in sich selbst. Dann werden dort auch andere hausen, ungebetene Gäste, und die werden Sie in Ihrer Ruhe und Ihrem Frieden stören. Wenn sich die Menschen wohlfühlen und glücklich sind, dann deshalb, weil sie ihren inneren Frieden und ihre Ausgeglichenheit gefunden haben, ganz bei sich und »zu Hause angekommen« sind. Sie sind mit sich im Reinen. Das hat viel damit zu tun, wie sie die äußeren Verhältnisse gestaltet haben, in denen sie leben. Wenn wir nicht mehr gerne zur Arbeit gehen, sollten wir uns etwas anderes suchen.

K: Woher nehme ich die Kraft und den Mut zu einem solchen radikalen Schritt? Wie überwinde ich meine Ängste? Sie sind ja nun einmal da.

D: Indem Sie an sich arbeiten, erkennen, wie wichtig es für Ihre Gesundheit und Ihr Wohlbefinden ist, sich aus der gegenwärtigen Situation mit allen Mitteln zu befreien. Diese Einsicht müssen Sie verinnerlichen, etwa indem Sie sich jeden Morgen beim Aufwachen und jeden Abend vor dem Einschlafen noch einmal die Argumente für eine Veränderung vor Augen führen. Stärken Sie Ihr Selbstvertrauen, indem Sie sich immer wieder auf Ihre Fähigkeiten besinnen, auf das, was Sie in Ihrem Leben bereits geleistet haben, auf all die schwierigen Lebenslagen, die Sie überstanden, und die Probleme, die Sie erfolgreich gelöst haben. Gewinnen Sie auf dieselbe Weise Vertrauen in die Zukunft. Sagen Sie sich immer wieder, dass es weitergehen und dass sich schon etwas finden wird. Relativieren Sie die äußeren Werte und Güter, einschließlich der Arbeitsstelle, und konzentrieren Sie sich auf Ihre inneren Werte. Alles Äußere kommt und geht. Wenn Sie sich treu bleiben, werden Sie in allem, was geschieht, Ihre Chancen und Möglichkeiten finden. Sie sind Ihre größte Kraft- und Energiequelle, die jedoch nur fließt, wenn Sie authentisch und wahrhaftig bleiben und sich nicht verbiegen. Glück und Unglück liegen nicht im Äußeren, sondern in der eigenen Seele. Wer auf dem rechten Weg wandelt, dem fällt das Glück von selbst zu. Wer sich bei Wahrung des Eigenen in die Welt geschmeidig einzufügen weiß, dem wird sich die Welt anpassen.

Wie wenn Sie für Ihre körperliche Fitness jeden Tag Sport treiben oder für ausreichend Bewegung sorgen, so müssen Sie sich diese Gedanken jeden Tag eine gewisse Zeit durch den Kopf gehen lassen, sie meditieren. Auf die Zeit, die Sie darauf verwenden, kommt es nicht an, sondern auf Konstanz und Beharrlichkeit der Wiederholung. Sich jeden Tag zehn Minuten besinnen wirkt nachhaltiger, als an einem Tag zehn Stunden zu üben. Es braucht Zeit, bis sich Ihre inneren Einstellungen ändern und Sie Ihre Angst überwinden. Zu viel grübeln ist auch nicht gesund. Es geht ja gerade darum, eine Haltung zu gewinnen, die über dem Problem steht, ihm das Gewicht nimmt, es relativiert und abwertet, die Ihnen die Leichtigkeit des Lebens zurückgibt. Sie selbst, Ihr Wohlbefinden und Ihre Gesundheit, das zählt, alles Äußere ist allenfalls Mittel zum Zweck, insofern es inneres Wohlbefinden fördert.

K: Wie lange soll ich diese Übungen machen?

D: Bis der richtige Augenblick gekommen ist, das heißt, bis Sie in sich die Kraft und Entschlossenheit spüren, das Problem aktiv anzugehen und nicht lockerzulassen, bis es gelöst ist. Ist dieser Augenblick gekommen, der Kairos, so sollten Sie nicht zögern. Bis dahin empfehle ich, dass wir uns regelmäßig wiedersehen, um darüber zu sprechen, die Einsichten zu vertiefen, Unklarheiten oder Zweifel auszuräumen, eventuell das Übungsprogramm zu modifizieren und zu verfeinern und uns über die Richtigkeit des eingeschlagenen Wegs zu vergewissern. Die Einsicht ist eine starke und nachhaltige Triebfeder. Hilfreich ist es auch, dass Sie mit Ihrem Partner oder mit einer guten, verständnisvollen Freundin oder einem Freund, die Sie auf dem Weg bestärken können, darüber reden. Treiben Sie Sport und sorgen Sie für körperliche Fitness. Das fördert das Selbstvertrauen und gibt auch Ihrer Seele Kraft und Energie. Ich gebe Ihnen ein Buch mit, in dem Sie regelmäßig ein paar Seiten lesen sollten. Es ist sehr alt, aber immer noch aktuell. Schreiben Sie sich wichtige Stellen auf, kommentieren Sie sie oder lesen Sie sie immer wieder einmal nach.

Achten Sie bei allem darauf, dass diese Übungen nicht zu seelenlosen Ritualen werden, die sie gedankenlos wiederholen. Prüfen Sie sich, dass Sie Fortschritte machen, im Denken, in Ihren Haltungen und in Ihrem Tun und Wollen.

Tatsächlich kam die Frau nun jede Woche. Ich hatte nicht den Eindruck, dass dabei etwas grundlegend Neues besprochen wurde. Es ging immer um dasselbe. Aber irgendwie veränderte sich das Gespräch. Mir kam es so vor, als ob die Frau immer besser Diotimas Denken verstand und annahm. Sie wurde stärker und selbstbewusster. Es schien ihr deutlicher und klarer zu werden, was sie zu tun habe und warum. Irgendwann hörten die Besuche und Sitzungen auf. Etwa eineinhalb Jahre später kam sie noch einmal, mit einem großen Blumenstrauß. Soweit ich es mitbekam, hatte sie tatsächlich gekündigt, nachdem ihre Versuche, innerbetrieblich etwas zu verändern, gescheitert waren. Nach einiger Zeit fand sie eine neue Anstellung. Die Zwischenzeit sei nicht einfach gewesen, aber jetzt sei sie überglücklich, dass sie diesen Schritt gemacht habe. Die neue Arbeit selbst sei zwar weniger anspruchsvoll und sie verdiene weniger, aber ihre Chefs seien sehr zugänglich und verständnisvoll, das Betriebsklima sei wirklich gut, und sie gehe sehr gerne zur Arbeit. Sie fühle sich viel besser. Das Leben mache ihr wieder große Freude. Schließlich habe sie durch Diotima das Lesen wiederentdeckt, das ihr viel gebe, besonders die klassischen philosophischen Texte über das gelingende Leben, die noch heute in jeder Buchhandlung stehen. Am Anfang sei es zwar etwas schwierig gewesen reinzukommen, aber jetzt verstehe sie immer mehr und sei erstaunt, wie aktuell diese Texte seien.

Aus den weiteren Treffen mit der Klientin fand ich folgende Zitate, die Diotima anführte, bedenkenswert:

»Die Augen nur auf andere und anderes zu richten,
bedeutet das Herz verlieren.«
Shibata Kyuo[2]

»Mache dich selbst glücklich!«
Seneca[3]

»Ein tapferer Sinn verwandelt
große Katastrophen in kleine.«
Demokrit[4]

»Wer weise ist, der hat auch Mut.«
Konfuzius[5]

»Innere Widerstände überwinden und
der Weisheit folgen, das ist Mut.«
Hayashi Razan[6]

Sind Ärger und Zorn hilfreich?

»Der Weise macht das Herz der Leute
zu seinem Herzen.«
Laotse[1]

An einem sehr schönen Herbsttag kam ein kräftiger, untersetzter Herr zu Diotima. Er war schlicht gekleidet, trug einen Tirolerhut und schien keinen Mangel an Selbstbewusstsein zu haben. Also eigentlich fehl am Platze. Ich war gespannt, was er von Diotima wollte.

Es habe ihn Überwindung gekostet, sagte er, hierherzukommen. Er habe bisher immer alles selbst geklärt und selten die Hilfe anderer in Anspruch genommen. Er wisse, wie man mit jedem Problem fertigwerde, und setze sich in aller Regel durch. Er habe schon viel mitgemacht, auch schwierige Zeiten erlebt, aber er habe sich durchgebissen und am Ende immer einen Weg gefunden. Er sei sehr temperamentvoll und könne gelegentlich auch einmal laut werden, insbesondere wenn Ärger und Zorn in ihm aufsteigen. Das komme zugegebenermaßen nicht selten vor. Manche hielten ihn für cholerisch, aber was die anderen denken, kümmere ihn nicht. Er gehe keinem Streit aus dem Weg und habe auch schon einige Prozesse geführt. Den erbittertsten mit einem seiner Nachbarn, der später weggezogen sei, nachdem nicht dieser, sondern er den Prozess gewonnen habe, jedenfalls überwiegend. Viele Freunde habe er mit seiner Art nicht gewonnen. Das mache ihm aber nichts aus. Wichtig sei es, dass man sich durchsetze und die Ziele, die man verfolge, auch erreiche. Und das gelinge ihm stets oder doch meistens.

Vor ein paar Wochen sei es jedoch zu einem Vorfall gekommen, den er bedaure, und deshalb sei er hier. Er habe einen siebzehnjährigen Sohn, mit dem er sich bisher immer gut verstanden habe. Von der Mutter habe er sich schon lange getrennt. Der Sohn komme jedes zweite Wochenende zu ihm und sei in den Ferien längere Zeit bei ihm.

K: Als ich ihn beim letzten Besuch bat, sein Zimmer aufzuräumen, reagierte er bockig und weigerte sich. Wir gerieten in Streit. In mir kochte es hoch, bis mir am Ende die Hand ausrutschte und ich ihm eine Ohrfeige gab. Daraufhin war Schluss. Er packte seine Sachen und ging zur Mutter. Seitdem habe ich nichts mehr von ihm gehört. Zuerst fühlte ich mich im Recht, dann aber kamen mir Bedenken, und jetzt bereue ich es, dass ich mich gehen ließ. Ich würde das gerne wiedergutmachen, weiß aber nicht, wie ich das anstellen soll.

D: Bevor ich Ihnen sage, was ich an Ihrer Stelle tun würde, möchte ich gerne etwas grundsätzlicher mit Ihnen über ein paar Aspekte sprechen, die bei der Lösung des Konflikts hilfreich sein könnten. Sie sagten, dass Sie häufig zornig würden und dann mit anderen in Streit gerieten, so wie es auch bei Ihrem Sohn passiert sei.

K: O ja, vieles regt mich auf. Wenn man die Menschen tun lässt, was sie wollen, gibt es Chaos. Es ist unvorstellbar, auf welch hirnrissige Gedanken sie manchmal kommen. Aber nicht mit mir, das war immer meine Einstellung. Wenn es mich irgendwie betrifft, zeige ich klare Kante und sage freiheraus, was ich davon halte, ob die anderen das gut finden oder nicht.

D: Macht es Ihnen Freude, mit anderen zu streiten?

K: So würde ich das nicht sagen, aber es ist notwendig, sonst bleibt man auf der Strecke. Es gibt so viele Holzköpfe unter den Menschen. Wenn man ihnen nicht die Grenzen aufzeigt, geht alles den Bach runter.

D: Denken Sie auch abends noch an die Auseinandersetzungen vom Tage?

K: Ja, denn wenn ich streite, tue ich das mit Leib und Seele. Meistens hält der Ärger dann noch an, wenn ich wieder zu Hause bin. Manchmal streite ich mich im Traum weiter. Dann schlafe ich nicht so gut.

D: Ist das angenehm? Fühlen Sie sich wohl dabei?

K: Na ja, das kann man nicht gerade sagen. Aber so ist das Leben. Wer hier nicht seinen Mann steht, der geht unter. Im Streit selbst kommen mir keine Bedenken. Da bin ich ganz in meinem Element.

D: Ich weiß nicht, ob man auf Streit wirklich nicht verzichten kann. Ärger, Zorn, Wut und Streit sind negative Gefühle und belasten die Seele. Es sind starke Stressfaktoren, die auf Dauer zu schwerwiegenden Krankheiten wie Bluthochdruck, Arteriosklerose, Magen-Darm- und Herzerkrankungen, Arthritis, Autoimmunerkrankungen bis hin zu Krebs führen können. Wussten Sie das?

K: Nein, nie davon gehört. Allerdings habe ich tatsächlich erhöhten Blutdruck, worauf mich mein Hausarzt öfter hingewiesen hat. Der Magen macht mir auch hin und wieder Probleme.

D: Und was sagt Ihr Hausarzt dazu?

K: Er verschreibt mir Medikamente. Sie meinen, diese Beschwerden haben etwas damit zu tun, dass ich mich über die Leute aufrege und mit ihnen streite?

D: Und ob! Zorn und Ärger, Streit und Feindschaften, heftige Auseinandersetzungen und schwelende zwischenmenschliche Konflikte, die nicht gelöst werden, führen zu Stress. Der Körper reagiert mit einer erhöhten Immuntätigkeit. Ärgern Sie sich häufig und wird der Stress nicht zurückgefahren, wird er chronisch. Dann werden die eigenen Zellen Opfer der körperlichen Immunreaktion. Immunaktivität löst im Körper Entzündungen aus. Das ist gut gegen Krankheitserreger von außen, aber auch gefährlich für die eigenen Zellen. Wird der Stress nicht abgebaut, werden die eigenen gesunden Zellen angegriffen. Werden die Kampftruppen, die in ein fremdes Land eingefallen sind und den Feind besiegt haben, nicht zurückbeordert, richten sie dort schlimme Dinge an. Bleiben Ärger und Zorn auch nach dem Streit noch länger in Ihren Gedanken und in Ihrer Seele, so wird die körperliche Immuntätigkeit nicht heruntergefahren. Sie bleiben »unter Spannung«, kommen nicht mehr zur Ruhe, und was die Seele belastet, belastet auch den Körper, nur nehmen wir es dort häufig erst wahr, wenn es zu spät ist und eine Krankheit ausbricht. Dass das mit unserem Verhalten zu tun hat, mit unserer Aufregung, mit häufigem Streiten und ungelösten Konflikten, also der Art, wie wir mit zwischenmenschlichen Auseinandersetzungen umgehen, erkennen die wenigsten Menschen.

K: Was kann ich dagegen tun?

D: Sie müssen Ihre zwischenmenschlichen Konflikte reduzieren, aufhören, sich ständig über andere Menschen aufzuregen und mit ihnen zu streiten. Weise ist es, sich überhaupt nicht zu streiten, wenn damit gemeint ist, eine Auseinandersetzung über ein Sachproblem mit gegenseitigen persönlichen Angriffen zu verbinden.

K: Was heißt das?

D: Die Menschen neigen dazu, einen sachlichen Disput oder sachliche Kritik auf sich persönlich zu beziehen, darin eine Herabsetzung, Missachtung oder gar eine Beleidigung der eigenen Person oder des eigenen Charakters zu sehen. Und umgekehrt: Wir überschreiten die Grenzen des Sachlichen und vermengen eigene Argumente mit persönlicher Kritik oder Herabsetzung des anderen, verweigern ihm als Menschen den notwendigen Respekt, die Achtung und Wertschätzung. Dabei verletzen wir uns gegenseitig in unserer Würde, die jedem Menschen zukommt und nach unserer Verfassung unantastbar sein sollte. Die Grenze zwischen dem sachlichen Argument, der Meinung und Wertung des anderen einerseits und dem Menschen, der diese Meinung vertritt, andererseits sind fließend und werden in einer Auseinandersetzung häufig nicht streng unterschieden. Ständig und sehr schnell überschreiten wir hier die Grenze.

K: Wie meinen Sie das?

D: Ein Beispiel: Ihr Arbeitskollege oder Lebenspartner vertritt zur Lösung eines Problems eine Auffassung, die Sie für falsch halten und absolut nicht nachvollziehen können. Sie wechseln die Argumente, keiner kann den anderen überzeugen. Es kommt zu Äußerungen wie: »Aber das ist doch absurd! Wie kann man so eine Meinung vertreten? Das ist doch an den Haaren herbeigezogen! Das muss doch jedem einleuchten! In welcher Welt lebst du?« etc. Unbemerkt schleichen sich in die sachliche Auseinandersetzung Angriffe gegen den anderen als Menschen ein. Der andere fühlt sich als Person angegriffen, verletzt, nicht ernst genommen, herabgesetzt. Es kommt zu entsprechenden persönlichen Gegenangriffen, und schon streitet man nicht mehr nur über die Sache, sondern über die beteiligten Personen, ihre charakterlichen Eigenschaften oder intellektuellen Fähigkeiten. Wir ärgern uns über den anderen *Menschen,* nicht bloß über seine Auffassungen. Es kocht hoch.

Aus Ärger wird Wut, aus Wut Zorn, und wenn es noch schlimmer kommt, wird aus Zorn sogar Hass. Man hört dem anderen gar nicht mehr zu und beharrt auf seiner Position. Wenn es um Geld, materielle Interessen oder persönliche Freiheitsräume geht, landet man am Ende nicht selten vor dem Kadi. Schnell wird aus einer abweichenden Meinung eine persönliche Kränkung, die häufig in keinem Verhältnis mehr zur Bedeutung der Sache steht, über die gestritten wird. So wird aus einem Meinungsstreit eine persönliche Streitigkeit, ja Feindseligkeit. Es kommt zu persönlichen Brüchen, auf gesellschaftlich-politischer Ebene, wo dasselbe Muster herrscht, zu nationalen Konflikten bis hin zu Kriegen. Der persönliche Streit verbunden mit Ärger und Zorn ist ein Krieg im Kleinen.

K: Das mag sein, aber so ist das Leben. Es gibt zu viele Idioten auf der Welt.

D: Aber wer ist der Idiot? Sind wir nicht als Menschen gleich? Bin ich nicht auch so wie der andere? Ist man besser? Weiß man immer alles besser? Hat man immer recht? War es richtig, Ihren Sohn zu ohrfeigen?

K: Da ist mir die Hand ausgerutscht, das kann ja mal vorkommen.

D: Kann dies nicht auch bei anderen einmal vorkommen? Wir sind alle nur Menschen, Sie genauso wie ich und wie die »Idioten«, mit denen Sie sich anlegen, Menschen, die Fehler machen, Schwächen haben, die auch einmal aus der Haut fahren, mit einer Meinung danebenliegen, Vorurteile hegen, falschen Informationen aufsitzen, voreilig bewerten etc. Wir alle sind das Produkt unserer Gene, frühkindlicher Erfahrungen und Erlebnisse, der Erziehung, vielfältiger Einflüsse der Gesellschaft, Wirtschaft, Medien, Politik, Kultur und Umwelt. Dem allen sind wir häufig wehr- und schutzlos ausgeliefert. Diese Einflüsse prägen unsere unbewusste Seinsschicht, und das Unbewusste steuert die meisten unserer Handlungen. Wir sind nicht Herr im eigenen Haus. Unser Charakter wird wesentlich von den genannten Einflüssen geformt, ohne dass wir es merken. Keiner von uns hat sich selbst gemacht.

K: Aber damit kann man alles entschuldigen. Irgendwo sind wir auch selbst für unsere Taten verantwortlich. Mit achtzig Jahren können wir nicht mehr alles auf die Eltern schieben. Im Übrigen dachte ich, Sie zeigen mir Wege, wie ich aus meinem Problem herauskomme.

D: Die Verantwortlichkeit für das, was die Menschen tun und sagen, will ich ihnen auch nicht absprechen. Ich bin der festen Überzeugung, dass wir unseren Charakter, unser Denken, Wollen, Handeln und Fühlen grundsätzlich selbst formen, kultivieren, weiterentwickeln und alle Prägungen abbauen und überwinden können. Aber praktisch ist das eine außerordentlich schwierige Aufgabe, an der die meisten Menschen scheitern. Wir wissen, wie es geht, und tun es doch nicht. Viele von uns haben nicht die Kraft, Einsicht, Entschlossenheit und Beharrlichkeit, das, was wir eingesehen haben, auch umzusetzen und zu leben. Die bestehenden Gewohnheiten, das Unbewusste, die Trägheit sind stärker als die bessere Einsicht. Oftmals fehlt es auch schon am ersten Schritt zur Selbsterkenntnis, sodass wir gar nicht erkennen, dass wir ein Problem haben. Ich halte die Menschen für verantwortlich für das, was sie tun, sagen und denken, aber ich fälle kein moralisches Werturteil über die Menschen als solche. Ich stelle mich nicht über sie, ich halte mich nicht für etwas Besseres. Ich bin nicht ihr Richter. Über die Menschen urteilen soll jemand, der über ihnen steht, der frei von Verfehlungen und Schwächen ist.

Wenn Sie die Lebensgeschichte eines psychisch kranken

Menschen, eines Kriminellen oder der Menschen, die Sie »Idioten« nennen, kennen würden, dann würden sie Ihnen vielleicht leidtun und Sie wären zurückhaltender mit Ihren Vorverurteilungen. Wenn ich aufrichtig in meine Seele schaue und nicht die Augen verschließe vor all den Kräften, Regungen und Impulsen, die ich dort erkenne, so finde ich die Anlagen zu allem möglichen Guten wie Schlechten. Ein weiser Mann sagte deshalb einmal, er könne sich vorstellen, jedes Verbrechen begangen zu haben.[2] Es sind einfach nur glückliche äußere Umstände, vorteilhafte Lebensbedingungen, liebevolle Eltern, eine gelungene Sozialisation, die verhindert haben, dass die negativen Kräfte in mir nicht genährt und übermächtig wurden. Andere haben weniger Glück gehabt. Aber auch bei mir bleibt noch genug zu kritisieren und zu verbessern. Ich versuche, jeden Tag ein bisschen weiser zu werden und etwas von dem, was mir nicht an mir gefällt, abzulegen.

In meinem langen Leben war ich eine Zeit lang Strafverteidigerin. Einmal hatte ich einen 17-Jährigen zu verteidigen, der mit Freunden in der Fußgängerzone einer Kleinstadt anderen Menschen mit Gewalt Zigaretten abnahm. Raub, Mindeststrafe fünf Jahre Gefängnis. Im Untersuchungsgefängnis erzählte er mir seine Lebensgeschichte, wie sein Vater, solange er noch da war, ihn schon als Kleinkind immer wieder verprügelte, mit einem Ledergürtel blutig schlug und ihn auch einmal gegen die Wand warf. Die Mutter, Alkoholikerin, stand ihm nicht bei und hätte auch nichts ändern können …. Zunächst fand ich seine Tat, wegen der er angeklagt war, brutal und verabscheuungswürdig. Ich stellte mir vor, wie es sich anfühlen musste, hilfloses Opfer eines solchen Angriffs zu sein. An dieser Einstellung änderte sich auch durch die traurige Lebensgeschichte des Jugendlichen nichts, wohl aber an meinem

Urteil über den Täter als Menschen und seine persönliche Schuld. Ich konnte seine Taten verurteilen, aber nicht mehr ihn als Menschen. Da tat er mir nur noch leid, und ich erkannte seine Hilfsbedürftigkeit.

Dürfen wir Menschen verurteilen? Ich meine nicht ihre Taten, Worte, ihr Verhalten oder Benehmen. Dazu sollten wir klar Stellung beziehen, wenn wir damit nicht einverstanden sind, das ist die Sachebene. Die Gesellschaft muss sich zudem schützen, Straftaten verfolgen und ahnden. Aber davon ist der Mensch als solcher zu unterscheiden, seine Würde und sein grundsätzlicher Achtungsanspruch. Er ist – wie wir – ungefragt in diese Welt und in konkrete Lebensumstände geworfen worden, die ihn entscheidend prägen, die er sich aber nicht ausgesucht hat. Wir sollten daher mit moralischen Bewertungen und Urteilen über den Menschen als solchen vorsichtig sein, ja uns vielleicht gänzlich solcher Urteile enthalten und es lieber dem Gott überlassen, der mehr weiß als wir. Derjenige möge urteilen, der frei von Schuld ist. Ich bin es nicht und Sie wohl auch nicht. Um über einen Menschen urteilen zu können, müssten wir wissen, wer er ist und wie er zu dem geworden ist. Das wissen wir nicht einmal von uns selbst und erst recht nicht von anderen Menschen.

K: Solche Überlegungen sind eher etwas für psychologische, moraltheologische oder philosophische Abhandlungen, im praktischen Leben aber wenig hilfreich. Wenn mich jemand angreift, verbal oder körperlich, muss ich mich verteidigen. Da helfen mir Ihre Gedanken wenig.

D: Dass Sie sich verteidigen, ist Ihr gutes Recht. Die Frage ist nur, wie Sie sich verteidigen. Beschränken Sie sich darauf, den Angriff abzuwehren, oder gehen Sie zum Gegenangriff über und versuchen, den anderen niederzumachen, ihn zu verdammen und ihm wegen seines Verhaltens jeglichen Respekt abzusprechen? Lassen wir den körperlichen Angriff einmal beiseite, der gehört eher zu den extremen Beispielen, die häufig nicht weiterführen. In unserem Alltag sind es eher verbale Auseinandersetzungen, Streitigkeiten, Beleidigungen und Herabsetzungen, Missachtung und mangelnde Wertschätzung, mit denen wir nahezu täglich konfrontiert werden. Hier können wir uns darum bemühen, auf der Sachebene zu bleiben, unabhängig davon, ob auch der andere die Grenze zwischen sachlicher und persönlicher Ebene wahrt.

K: Aber warum sollte ich das tun?

D: Dafür gibt es mehrere Gründe. Zum einen Ihr Bluthochdruck und die Magen-Darm-Probleme. Vermeiden Sie Ärger, Jähzorn und Aufregung und bleiben Sie gelassen. Sie können abends an angenehmere Dinge denken als an schwelende Streitigkeiten. Sie schlafen ruhiger. Aufregung und persönlich geführter Streit lösen kein Problem, sondern verschärfen es.

K: Aber Kampf und Streit bringen mich weiter. Sie verleihen meinem Standpunkt Nachdruck und helfen mir, mich durchzusetzen und meine Ziele zu erreichen.

D: Wirklich? Häufig verhärtet ein Streit die Fronten, wenn er persönlich wird, und führt zu festgefahrenen Positionen und Stillstand. Früher war ich auch impulsiver, und es kam auch mal zum Streit. Ich arbeitete in einem größeren Unternehmen in leitender Position und gebrauchte meine Ellbogen, um mich durchzusetzen. Das war erfolgreich, isolierte mich aber auch. Wer Ellbogen einsetzt, dem kommen Ellbogen entgegen. Er zieht sie förmlich an. Sorgen und Ängste entstanden, der Konkurrenzdruck wurde immer größer, ich kam mir am Ende vor wie in einem Haifischbecken und witterte überall Intrigen, Positionskämpfe und Anfeindungen. Ich wurde nervöser, fahriger und gereizter, schlief schlecht und wurde schließlich krank. Als ich lernte, das Sachliche von dem Persönlichen zu trennen, meinen Kollegen und Vorgesetzten mit Wohlwollen zu begegnen, in der Sache hart und beharrlich zu sein, in der Form und im Ton aber respektvoll, zugewandt, aufrichtig, weich und offen, selbst gegenüber meinen Gegnern und Neidern, da gelang mir vieles besser als vorher. Meine Karriere entwickelte sich zwar nicht mehr so sprunghaft nach oben, dafür aber kontinuierlich und ohne größere Rückschläge. Und ich fühlte mich gut dabei, weil ich keine Feindseligkeiten oder Ressentiments mehr kannte. Meine Lebenswelt war friedlicher geworden. Meine Freundlichkeit machte aus meinen »Gegnern« und »Konkurrenten« Verbündete, ja manchmal sogar Freunde. Sie spürten meine Zugewandtheit, mein Wohlwollen und meinen ehrlichen Wunsch, sie verstehen und mit ihnen auskommen zu wollen. Da ließen sie ihre Schwerter und Lanzen sinken, ich vermute, weil sie erkannten, dass der kein Feind war, der ihnen gegenüberstand.

K: Aber Sie haben sich dabei doch etwas vorgemacht. Wie kann man einem Menschen mit Wohlwollen begegnen, der einen von seinem Posten vertreiben will, der einen beleidigt, herabsetzt oder ansonsten das Leben schwer macht?

D: Jemandem mit Wohlwollen begegnen bedeutet nicht, blauäugig zu sein und immer nachzugeben, sondern den Respekt und die Freundlichkeit gegenüber dem anderen nicht zu verlieren, zu versuchen, ihn zu verstehen, seine Position zu respektieren und sie nicht mit einem Werturteil über den Menschen zu verbinden. Das darf weder aufgesetzt sein noch so wirken, sondern Sie müssen es wirklich so empfinden. Nicht selten ist es mir passiert, dass ich durch mein Fragen und Verstehen-Wollen ansprechende Seiten bei Menschen entdeckte, zu denen ich bei der ersten

Begegnung keinerlei Sympathie verspürt hatte. Mein Bemühen aber, den anderen zu verstehen, baute Brücken, über die wir uns annäherten.

K: Aber wie komme ich zu wohlwollenden Gefühlen gegenüber einem Menschen, der meinen Posten haben will, der mich angreift oder mich beleidigt? Da stellen sich doch automatisch erst einmal die gegenteiligen Gefühle ein.

D: Das ist in der Tat so, und es ist nicht einfach, diese natürliche Reaktion umzudrehen. Dazu bedarf es einer grundsätzlichen Änderung Ihrer Einstellung und Ihrer Verhaltensmuster gegenüber den Mitmenschen.

K: Wie muss ich meine Einstellung ändern?

D: Zum einen müssen Sie aufhören, Menschen zu bewerten, sie in gute und böse einzuteilen, Menschen als Idioten, Halunken, Schurken, Betrüger, Lügner abzustempeln und so zu bezeichnen. Sie müssen aufhören, in solchen Kategorien zu denken und zu sprechen. Es ist ganz natürlich, unser Ansehen, unser Selbstwertgefühl, unsere Person in ihrem ganzen Entfaltungsbereich vor Verletzungen und Beeinträchtigungen zu schützen und Angreifer als Feinde anzusehen, die abgewehrt und bekämpft werden müssen. Aber wenn wir zur Verteidigung aggressive Mittel einsetzen und den anderen als Menschen bekämpfen, dann treten wir in eine persönliche Streitigkeit ein, die selten gut ausgeht. Ein Wort gibt das andere, und so setzen sich persönliche Feindseligkeiten ewig fort, wie auf politisch-gesellschaftlicher Ebene ein solches Freund-Feind-Denken immer wieder zu kriegerischen Auseinandersetzungen führt. Gewalt löst Gegengewalt aus, und so geht es bis in alle Ewigkeit. In Ihrem persönlichen Lebensbereich, auf den Sie Einfluss haben, sollten Sie versuchen, diesen Teufelskreis zu durchbrechen. Machen Sie nicht mit, wenn Ihr

Gegenüber auf die persönliche Ebene wechselt. Bleiben Sie auf der Sachebene, signalisieren Sie Wohlwollen und Verstehen-Wollen ohne Heuchelei und Falschheit.

K: Wie komme ich dahin?

D: Indem Sie allmählich beginnen, anders als bisher über Ihre Mitmenschen zu denken. Gewöhnen Sie sich ab, die Menschen in Freunde und Feinde einzuteilen. Sagen Sie sich immer wieder, dass die Menschen gleich sind, dass wir alle Fehler und Schwächen haben, dass wir uns alle nicht selbst gemacht haben, dass niemandem das Recht zukommt, über andere Menschen zu urteilen. Versuchen Sie, das Verhalten Ihres Gegenübers zu verstehen. Entdecken Sie sich selbst in dem anderen. Fragen Sie sich stets: Bin ich nicht auch so? Sagen Sie sich – wie in der altindischen Philosophie:[3] Mein Gegenüber, das bin ich! Habe ich nicht auch solche Fehler und Schwächen? Oder habe ich solche früher einmal gehabt? Wie oft habe ich mich nicht richtig verhalten oder andere Menschen mit meinen Worten verletzt und gekränkt? Wenn ich den Fehler des anderen bei mir nicht finde, so habe ich gewiss andere Fehler. Wenn Sie solche Fragen verinnerlichen und immer wieder bedenken, wird sich Ihre Einstellung zu den anderen Menschen im Laufe der Zeit ändern. Sie werden milder und verständnisvoller, vermeiden jede Verurteilung und sind mit dieser Haltung eher in der Lage, andere zu verstehen und sich ihnen anzunähern. Wir lernen verzeihen, wie wir der ganzen Welt Verzeihung schuldig sind. Ihr Verhalten wird sich positiv in dem Verhalten Ihres Gegenübers widerspiegeln und auch Ihnen letzten Endes nutzen.

K: Ich glaube nicht, dass sich auf diese Weise meine Einstellung ändern wird.

D: Das habe ich früher auch nicht für möglich gehalten. Dann wies mein philosophischer Lehrer[4] auf eine mentale

Übung hin, die er selbst erfolgreich praktiziert hatte. Ich probierte sie aus, und als ich sie lange genug trainiert hatte, änderte sich tatsächlich meine Haltung zu anderen Menschen. Ich hörte auf, über sie zu urteilen und zu lästern, ich lernte, ihnen innerlich zu verzeihen, all ihren Schwächen, Fehlern und Launen, ihren Übergriffen und Grobheiten. Ich war nicht mehr böse auf sie. Ich betrachtete all das als *ihr* Problem, nicht als *meines*. Ich dachte daran, dass sie sich mit ihren Angriffen gegen mich selbst am meisten schädigen. Ich sah hinter ihren Aggressionen ihr eigenes tiefes Leiden, ihre ungelösten seelischen Konflikte, soziale, ökonomische oder persönliche Probleme, die sie überfordern und beherrschen und die sie nicht in den Griff bekommen. Sie taten mir schließlich leid, aber sie lösten keinen Zorn oder Ärger bei mir aus. Ich sah, wie sie unter dem Zwang eines seelischen Problems handelten, das sie nicht mehr steuern konnten, wie unter einer Krankheit, der sie schutzlos ausgeliefert sind. Verurteilen wir Menschen, weil sie krank sind?

K: Und was ist das für eine mentale Übung?

D: Mein philosophischer Lehrer sagte mir: Wenn Sie merken, dass Sie sich über jemanden aufregen, weil er Ihrer Meinung nach etwas Falsches gesagt oder getan hat, Sie zu Unrecht kritisiert oder angegriffen oder sonst eine Dummheit begangen hat, reagieren Sie nicht sofort, sondern wenden Sie den Blick auf sich selbst; fragen und prüfen Sie sich, ob Sie nicht auch einmal so etwas oder etwas Vergleichbares gesagt oder getan haben, ob Sie den Fehler oder Makel des anderen, über den Sie sich ärgern, nicht selbst haben oder früher einmal hatten. Sie erreichen Verschiedenes damit: Wenn Sie mit Ihren Gedanken bei sich selber sind und nicht bei dem anderen, schütten Sie kein weiteres Öl ins Feuer Ihres aufsteigenden Zorns und entziehen ihm so die Nahrung. Das Feuer erlischt schnell wieder. Zorn und Ärger verfliegen. Wenn wir aber mit unseren Gedanken stets beim anderen und seinem Fehlverhalten bleiben, dann nähren wir unsere negativen Gefühle, sie wachsen und werden immer größer.

Indem Sie sich selbst prüfen, lernen Sie sich besser kennen, und Ihnen fällt auf, dass auch Sie nicht frei von solchen Schwächen sind oder doch schon einmal etwas Ähnliches getan oder gesagt haben. Erinnern Sie sich dann an einen ähnlichen Vorfall, so fallen Ihnen auch gleich die Gründe ein, wie es seinerzeit dazu gekommen ist. Vielleicht waren Sie zuvor überarbeitet, hatten schlecht geschlafen oder Streit mit Ihrem Lebenspartner oder waren einfach gedankenlos und unachtsam. Nun übertragen Sie die Erfahrung auf die gegenwärtige Situation. Sie stellen sich vor, dass es sich bei dem anderen vielleicht gerade ähnlich verhält und dass dies zu seinem Fehlverhalten führte. Schon erscheint Ihnen die »Tat« in einem milderen Licht, und Ihr anfänglicher Ärger legt sich.

Ich habe es ausprobiert, und schon nach zwei, drei Monaten entwickelte ich keine negativen Gefühle mehr gegenüber anderen Menschen. Zwar erlebte ich noch kurze Momente von aufwallendem Ärger, aber dieser wurde sogleich überwältigt von den Gedanken, Einstellungen und Empfindungen, die ich eingeübt hatte. Der Ärger verschwand, kaum dass er sich gemeldet hatte. Die Verbindung von dem auslösenden Reiz, der Aggression des anderen, und meiner Reaktion darauf hatte sich geändert: der Impuls einer Gegenaggression oder von Ärger, Zorn oder Wut blieb aus. Aus dem Wald, in den hineingerufen wurde, erschallte nicht mehr derselbe Laut zurück, sondern ein ganz anderer. Seit dieser Zeit streite ich mich nicht mehr mit anderen Menschen, habe keine Feinde oder Gegner mehr, und alle sozialen Kontakte, im Beruf wie im Privaten, verlaufen in angenehmen, friedlichen und harmonischen Bahnen. Auseinandersetzungen um Standpunkte gibt es nach wie vor, aber sie werden nicht mehr verbunden oder begleitet von versteckten oder offenen Angriffen gegen die Person des anderen.

Mein Leben hat sich dadurch verändert. Ich bin sehr glücklich darüber. Nun kann ich auch verstehen, wenn andere sagen, man solle lernen, seine Feinde zu lieben, überhaupt den Menschen liebend zu begegnen. Es gibt eine Liebe zur Menschheit, wie es eine zur Natur und zur Schöpfung gibt. Wenn man sie kultiviert, begegnen wir unseren Mitmenschen mit anderen Augen. Wir müssen sie nicht gleich in den Arm nehmen, sie sollten aber keinerlei negative Gefühle mehr bei uns auslösen, gleichgültig, wer es ist und was er getan oder gesagt hat. Wir bleiben gleichmütig und ruhig.

K: Können Sie einmal ein Beispiel für die Übung geben?

D: Eine Frau erzählte mir einmal, dass sie sich früher immer aufgeregt habe und sehr nervös wurde, wenn sie Auto fuhr und von anderen Autofahrern mit Lichthupe und engem Auffahren bedrängt wurde. Es störte sie, dass sie sich darüber ärgerte und in Aufregung geriet. Irgendwann habe sie sich angewöhnt, sich vorzustellen, dass der andere, fast immer ein männlicher Fahrer, auf dem Weg zu einer Klinik sei, wo seine Frau liege, bei der gerade die Wehen zur Geburt ihres ersten gemeinsamen Kindes eingesetzt hätten. Diese Vorstellung beruhige sie. Sie bleibe gelassen und mache Platz, wenn es möglich sei. Dieses Beispiel scheint mir sehr einleuchtend. Sie können das Prinzip, das darin steckt, auf alle angesprochenen Situationen übertragen, etwa wenn Sie jemand im Gespräch beleidigt oder herabsetzt.

K: … und damit alles entschuldigen. Aber das will ich nicht. Ich möchte den anderen zur Rechenschaft ziehen, ihm sein Fehlverhalten vor Augen führen und ihm deutlich machen, dass es so nicht geht. Ich möchte nicht alles durchgehen lassen.

D: Das schließt sich keinesfalls aus. Im Gegenteil. Sie werden eher von dem anderen gehört, wenn Sie nicht mit gleicher Münze heimzahlen, sondern ruhig und gelassen bleiben und auf ihn eingehen, indem Sie sich erst einmal darum bemühen, seine Worte, Handlungen, Vorwürfe und ihre Ursachen zu verstehen. Es geht in einem ersten Schritt weniger um die inhaltliche Reaktion als vielmehr darum, bevor es zu einer Reaktion kommt, aggressive und unkontrollierte Gefühle zu zügeln und abzubauen.

K: Aber das kann leicht als Arroganz ausgelegt werden, den anderen provozieren und noch mehr auf die Palme bringen.

D: Nicht, wenn Sie es aufrichtig meinen und ihm ernsthaft signalisieren, dass Sie bemüht sind, seine Position zu verstehen, dass Sie ihn nicht verurteilen, sondern ihm mit Sympathie begegnen. Wenn Sie sich das jedoch nur einreden, tatsächlich aber negative Gefühle hegen und ihn im Innern doch vorverurteilen, dann wird er es bemerken. Die Menschen sind in solchen Dingen sehr feinfühlig. Sie müssen Ihre Haltung zu Ihren Mitmenschen wirklich geändert haben und diese geänderte Haltung muss in Fleisch und Blut übergegangen sein, sodass Sie tatsächlich keine negativen Gefühle entwickeln. Bei mir haben ein paar Wochen kontrolliertes Üben genügt, dass sich in meinem Denken und Fühlen eine neue Grundhaltung für den Umgang mit anderen Menschen festgesetzt hatte. Ich denke, dass jeder Mensch, der einmal verstanden hat, dass wir alle gleich sind und Defizite haben, dahin gelangen kann, wenn er entschlossen und beharrlich an sich arbeitet und seine Denkgewohnheit in Bezug auf andere Menschen ändert.

K: Ich kann mir nicht vorstellen, dass ich irgendwann einmal Sympathie für rücksichtslose Egoisten, Ausbeuter, unerträgliche Chefs, korrupte Politiker, Verbrecher oder Diktatoren empfinden werde.

D: Und auch das sind nur Menschen wie wir alle, Unwissende, Unfähige, Schwache, allesamt Opfer ihrer Sozialisation, ihrer Erfahrungen, ihrer Erlebnisse und von vielerlei Einflüssen von außen geprägt, und – wie wir! – häufig unfähig, sich davon zu befreien. Wenn Sie Mitmenschlichkeit, Güte und Milde wirklich praktizieren wollen, verdienen auch solche Menschen, dass wir uns bemühen, die Gründe ihres Fehlverhaltens zu verstehen und, wenn möglich, auf sie zum Besseren einzuwirken. Aber Ihr Einwand ist sehr gewichtig. In der Tat schaffen es nicht viele, auch für solche Menschen aufgeschlossen zu sein, sie verstehen zu wollen, sich ihnen zuzuwenden, den Menschen in ihnen zu sehen und bereit zu sein, ihnen trotzdem noch mit Wohlwollen zu begegnen. Es gibt noch andere Übungen, die Sie dabei unterstützen können, generell Freund-Feind-Bilder zu überwinden, die Menschen nicht mehr zu verurteilen und auf jeden zuzugehen, unabhängig davon, was er getan, gesagt oder gedacht hat.

K: Und was für Übungen wären das?

D: Es sind kleine Übungen, aber kontinuierlich praktiziert bleiben sie nicht ohne Wirkung auf Ihre grundsätzliche Haltung zu anderen Menschen und die Gefühle, die im Fall von zwischenmenschlichen Konflikten in Ihnen entstehen.

Spüren Sie etwa, dass Sie sich über jemanden zu ärgern beginnen und in Ihnen Zorn aufsteigt, so hilft es, sich anzugewöhnen, nicht sofort zu reagieren, sondern abzuwarten, bis die erste Gefühlswallung sich gelegt hat. Vermeiden Sie es, wenn möglich, im Erregungszustand zu reagieren, zu handeln oder sich zu äußern. Die Emotionen schalten die Vernunft aus, und das ist bei zwischenmenschlichen Konflikten nie hilfreich. Machen Sie sich klar, dass Sie nichts verbessern oder bewirken, wenn Sie mit Heftigkeit reagieren, sondern dass dadurch alles nur noch schlimmer wird. Durchbrechen Sie die Spirale gegenseitiger Vorwürfe und Aggressionen.

Üben Sie sich darin, den Angriff, die Aggression oder Unfreundlichkeit nicht auf sich persönlich zu beziehen, selbst wenn sie so gemeint ist. Erlauben Sie Ihrer verletzten Selbstliebe nicht, sich zu empören. Seien Sie nicht eitel. Versuchen Sie, darüberzustehen und sich nicht verletzt zu fühlen. Einen großen Charakter kann man nicht beleidigen oder herabsetzen. Machen Sie Ihr Selbstwertgefühl nicht von anderen abhängig, sondern schöpfen Sie es ganz aus sich selbst. Sie können sich auch geflügelte Worte sagen: »Was stört es den Mond, wenn der Hund ihn anbellt.« Machen Sie das Problem, das der andere hat und an Ihnen auslässt, nicht zu Ihrem eigenen. Es hat häufig gar nichts mit Ihnen zu tun, sondern spiegelt nur die Unausgeglichenheit und den Missmut, der im anderen herrscht. Sagen Sie sich: »Was für ein Glück, dass ich nicht seine Probleme habe!«

Machen Sie sich klar, dass das Leben nicht leicht ist und viele Menschen es nicht schaffen, von ihren negativen Gefühlen, ihrer inneren Unruhe und Unausgeglichenheit loszukommen. Es gelingt ihnen nicht, die tieferen Probleme und Konflikte zu lösen, die auf Ihrer Seele lasten. Infolgedessen leiden sie und lassen am Ende die angestauten Aggressionen an anderen aus. Sagen Sie sich immer wieder: »So sind die Menschen.« Nehmen Sie sie, wie sie sind, und lassen Sie sich in Ihrer inneren Ruhe nicht stören. Stärken

Sie Ihr Selbstwertgefühl und machen Sie aus dem Zentrum Ihrer Seele, aus Ihrer Mitte eine starke innere Burg, an deren Mauern Vorwürfe und Aggressionen von anderen wirkungslos abprallen. Wenn Sie morgens aus dem Haus gehen, machen Sie Sie sich für einen kurzen Moment bewusst, dass Sie auch heute wieder Menschen begegnen werden, die schlecht gelaunt sind und irgendetwas Negatives bei Ihnen abladen oder herauslassen. Wir können solchen Begegnungen nicht ausweichen, aber wir können uns darauf vorbereiten und dafür sorgen, dass solche Attacken uns nicht treffen und verletzen, ihr Ziel verfehlen und ins Leere laufen. Wir können uns so einstellen, dass wir unsere innere Ruhe und Gelassenheit bewahren und keine Provokation bei uns durchdringt und negative Reaktionen hervorruft.

Sagen Sie sich, dass das Leben kurz ist und es sich nicht lohnt, sich über die Fehler, Schwächen, Rücksichtslosigkeiten, Unachtsamkeiten und die Ignoranz anderer Menschen aufzuregen.

Stoßen Sie in Ihren Planungen oder Absichten bei anderen Menschen auf Widerstand, sagen Sie sich, dass es nicht nötig ist, dass Sie alles und sofort durchsetzen müssen. Seien Sie geduldig, weich, aber beharrlich. Der richtige Zeitpunkt, der »Kairos«, wird kommen. Das Wasser, das den Berg hinunterfließt, kommt überallhin, weil es weich ist und sich jeder Landschaft anpassen kann, ohne sein Wesen aufzugeben. Auf Dauer siegt das Weiche, nicht das Harte. In der Evolution setzt sich nicht die stärkste oder intelligenteste Spezies durch, sondern diejenige, die sich den gegebenen Umständen am besten anpassen kann. Anpassen bedeutet hier nicht, seine Natur aufzugeben, sondern im Gegenteil: sie trotz aller Widrigkeiten zu behaupten.

Häufig entsteht ein Streit aus Nichtigkeiten und ist es nicht wert, sich darüber aufzuregen oder gar zu streiten.

Achten Sie stets darauf, um was es tatsächlich geht, und setzen Sie das in Verhältnis zu Ihren eigentlichen langfristigen Lebenszielen. Häufig relativieren Sie auf diese Weise die Bedeutung der Auseinandersetzung, werden ruhiger und gelassener. Manchmal ist es besser loszulassen. Berechtigte materielle Ansprüche durchzusetzen, vielleicht sogar gerichtlich, kann seelisch belastender sein, als darauf zu verzichten. Sie müssen nicht jedes Recht, das Ihnen zusteht, durchsetzen, sondern Ihre wesentlichen Lebensziele.

All das sind Hilfsgedanken, die Sie so lange einüben sollten, bis Sie sich in zwischenmenschlichen Konfliktsituationen automatisch und spontan einstellen und ein Aufkommen und Hochschaukeln negativer Gefühle wie Ärger, Zorn, Wut oder gar Hass im Keim ersticken. Mir kommen all diese Gedanken schon bei den ersten Anzeichen für eine Auseinandersetzung, die in Streit ausarten könnte, in den Sinn und üben eine beruhigende Wirkung aus. Ich bleibe bei mir und werde von negativen Emotionen nicht aus meiner Mitte gedrängt.

K: Gut, ich werde es ausprobieren.

D: Tun Sie das und nehmen Sie sich Zeit. Überprüfen Sie sich regelmäßig, ob Sie Fortschritte machen, ob sich Ihre Haltung ändert, ob Ihre emotionale Reaktion eine andere ist, ob Sie gelassener und ruhiger werden.

Er kam noch ein paar Mal zu Diotima. Anfangs schien er mit den Übungen Schwierigkeiten zu haben. Aber Diotima sprach immer wieder eindringlich auf ihn ein, weiter zu üben, nicht nachzulassen, nicht aufzugeben und zuversichtlich zu sein. Bei einem der letzten Gespräche sagte er dann, dass er zwar noch nicht gelernt habe, seine Feinde zu lieben, dass er aber schon fast so weit sei, gar keine mehr zu haben. Sein Verhalten zu anderen Menschen habe sich verändert, und es fühle sich tatsächlich besser an. Er sei auch schon viel ruhiger geworden und rege sich nur noch selten über andere Menschen auf. Das werde am Ende auch noch vergehen, entgegnete Diotima.

Ich muss gestehen, dass mich dieser Fall sehr beeindruckt hat. Schließlich probierte ich es selbst aus. Tatsächlich änderte sich meine Einstellung und mein Verhältnis zu anderen Menschen, und es geschah immer seltener, dass ich mich über andere Menschen aufregte und sie verurteilte.

Folgende Zitate sind mir aus den weiteren Sitzungen im Gedächtnis geblieben:

»Wer Menschlichkeit besitzt,
ist frei von Kummer.«
Hayashi Razan[5]

»Nach der Natur sollen unsere Hände bereit sein
zur Hilfe für die, welche derselben bedürfen.«
Seneca[6]

»Wende deine Aufmerksamkeit auf die Seele der anderen
und verstehe, welch Geistes Kind sie sind.«
Mark Aurel[7]

»Wer auf sich selbst achtet,
der achtet auch auf die anderen.«
Sokrates[8]

»Sei freundlich und geduldig,
dann wird dein Herz vollkommen.«
Altes Ägypten[9]

»Wer sich richtig um sich selbst kümmert,
der kümmert sich auch um die anderen.«
Epiktet[10]

»Milde zu sein mit allen Leuten
ist das Lob des Weisen.«
Altes Ägypten[11]

»Sie sehen sich in einem jeden und
einen jeden in sich.«
Upanishaden[12]

UNSER VERHÄLTNIS ZUR WELT

Wie gehe ich mit dem um, was ich nicht ändern kann?

»Es heißt, dass der Weise Unglück in Glück zu verkehren vermag.«
Konfuzius[1]

Er sagte, er komme auf Empfehlung eines Freundes, der wiederum über eine Freundin von Diotima gehört habe. Sein Freund sei um ihn besorgt. Er habe ihm gesagt, dass seine Weltsicht zunehmend düsterer werde und er ihn immer seltener lachen sehe. Ständig nörgele er an etwas herum, klage über die Zustände in der Welt und sehe überall Unheil, Katastrophen und Verschwörungstheorien. In der Tat rege er sich über vieles auf. Er habe den Eindruck, dass bei all seinen Unternehmungen immer etwas schieflaufe, immer komme ihm etwas dazwischen oder jemand werfe ihm Knüppel zwischen die Beine. Er habe das Gefühl, auf der Stelle zu treten und nichts voranzubringen. Ärger und Missmut schlügen ihm auf den Magen und ließen ihn nicht mehr ruhig schlafen. Neulich habe man bei ihm Magengeschwüre festgestellt, worüber er sich überhaupt nicht wundere. Er würde gerne an dieser Situation etwas ändern, wisse aber nicht, was und wie.

D: Hören Sie auf, sich zu ärgern und an der Welt zu verzweifeln.

K: Würde ich ja gerne, aber wie geht das?

D: Sie sollten ein paar Einsichten fest in Ihr Bewusstsein einschreiben. Machen Sie sich zunächst einmal klar, dass es keinen Menschen gibt, dem alles gelingt und bei dem alles nach Plan läuft. Im Gegenteil: Viele Dinge laufen anders, als wir uns das vorstellen, weil alles, was wir uns im alltäglichen Leben vornehmen, alles, was wir unternehmen und anstoßen, von Zufällen oder den Entscheidungen anderer Menschen abhängt. Es können tausend Dinge dazwischenkommen, mit denen wir nicht gerechnet haben. Ein Teil gelingt uns, ein Teil misslingt, ein anderer Teil entwickelt sich anders, als wir gedacht haben. Ist es da nicht eine Illusion zu glauben, es müsse alles so verlaufen, wie wir es geplant haben?

K: Gewiss nicht, aber wir wünschen es uns und tun alles, dass es so kommt, wie wir uns das vorstellen. Dann ist es nur natürlich, dass sich Ärger und Frustration einstellen, wenn es nicht so läuft.

D: Schon, aber eigentlich kommt der Ärger ja nur daher, dass wir ausblenden und nicht wahrhaben wollen, dass Pläne scheitern können, obwohl wir es an sich wissen müssten, wie Sie selbst einräumen. Wenn Sie die Realitäten ausblenden, dann wird Sie das Leben enttäuschen. Wieso sagen Sie sich nicht gleich von Anfang an bei allem, was Sie beginnen und unternehmen: »… wenn nichts dazwischenkommt«? Wenn Sie aus Erfahrung wissen und es bei sich und bei anderen sehen, dass wir viele unserer Absichten und Wünsche nicht verwirklichen oder doch nicht so umsetzen können, wie wir uns das vorstellen, wieso sagen Sie sich nicht bei jeder Unternehmung: »Ich möchte gerne dieses Ziel verwirklichen, mir diesen Wunsch erfüllen, diese Unternehmung zum Erfolg führen. Ich werde mein Bestes geben. Aber mir ist bewusst, dass das Erreichen dieses Ziels nicht allein von mir abhängt, sondern auch von anderen Menschen, von äußeren Umständen, vom Zufall. Es kann also auch scheitern. Ich weiß darum. Ich bin darauf vorbereitet!«

Ein Beispiel: Sie planen einen Urlaub. Um am Zielort Strand und Sonne zu genießen, muss vieles ineinandergreifen, was nicht in Ihrer Hand liegt: Dem Urlaubsantrag muss stattgegeben werden, Sie dürfen nicht krank werden, es darf nichts passieren, was Sie am Reisen hindert, Sie müssen pünktlich am Flughafen sein, das Flugzeug darf keinen Defekt haben, die politische Situation am Zielort muss stabil und friedlich bleiben, das Quartier muss angenehm sein, ebenso die Lufttemperatur, die Sonne sollte scheinen und anderes mehr. Vieles davon wird so eintreten, wie Sie sich das vorstellen, nichts aber ist sicher. Wenn Sie das alles im Hinterkopf behalten und sich sagen: Mal schauen, ob es auch so kommt, sich umgekehrt nicht in den Gedanken verbeißen: Es muss klappen!, dann bleiben Sie innerlich gelassen und flexibel, wenn tatsächlich einmal etwas dazwischenkommt. Sie werden vielleicht ein wenig enttäuscht sein, aber Sie waren innerlich darauf vorbereitet und werden sich nicht ärgern. Sie werden sich sagen, dass die letzten Urlaube alle reibungslos verlaufen sind und dass Ihnen im Leben vieles gelungen ist. »Ich werde es verkraften, wenn es einmal anders kommt.«

K: Ich habe nicht den Eindruck, dass mir vieles in meinem Leben gelungen ist.

D: Wirklich? Seien Sie nicht ungerecht und undankbar. Denken Sie einmal darüber nach. Bis auf Ihre Magengeschwüre sind Sie gesund – viele Menschen nicht. Sie haben ein Dach über dem Kopf – viele Menschen nicht, Sie haben Arbeit – viele Menschen nicht, Sie haben genug zu essen – viele Menschen nicht, Sie können verreisen – viele Menschen nicht, Sie haben ein Auto – viele Menschen nicht. Ich könnte weiter fortfahren mit dem Ergebnis, dass man Ihre äußeren Verhältnisse, verglichen mit der Mehrzahl der Bevölkerung auf dieser Erde, nicht anders als privilegiert bezeichnen kann. Sie, wie die meisten Menschen in diesem Lande, sind im Hinblick auf die ökonomischen und sozialen Rahmenbedingungen vom Glück begünstigt. Das gilt umso mehr, wenn Sie sich einmal in der Geschichte umschauen: Wann hat es schon einmal einen solchen Wohlstand für so viele Menschen gegeben, so viele Möglichkeiten, sich zu verwirklichen und eine sinnvolle Existenz aufzubauen? Unsere Großeltern, die den Zweiten Weltkrieg miterlebten, haben teilweise von heute auf morgen all ihren Besitz verloren und waren obdachlos, heimatlos. Millionen haben in ihren besten Jahren ihr Leben verloren. Die überlebt haben, hatten in den ersten Wintern nach Ende des Kriegs kaum Holz zum Heizen. Sie mussten frieren, hungern und auf vielfältige Weise entbehren und leiden. Was ist das im Verhältnis dazu, dass ein Urlaub platzt, eine Planung scheitert, etwas in der Arbeit schiefläuft, das Auto einen Defekt hat, ein Termin verpasst wird oder was sonst noch alles fehlschlagen kann in unserem täglichen Leben.

K: Und trotzdem ärgern wir uns.

D: Warum? Weil wir der irrigen Meinung sind, es müsse immer alles so gehen, wie wir uns das vorstellen. Weil wir uns alles verfügbar machen wollen. Weil wir Kleinigkeiten für wichtig halten. Aber worauf kommt es im Leben wirklich an? Was ist denn wirklich wichtig?

K: Dass ich meine Ziele erreiche und mich durchsetze.

D: Was sind denn Ihre Ziele?

K: Die vielen Dinge, die ich täglich anstoße, meine Pläne und Wünsche, über die ich mich ärgere, wenn sie sich nicht erfüllen.

D: Gesetzt den Fall, es erfüllen sich alle Ihre Wünsche und Ziele, aber Sie sind gleichwohl unzufrieden und unglücklich. Würden Sie einen solchen Zustand anstreben?

K: Natürlich nicht.

D: Also dienen doch alle Ihre Pläne, Ihr Tun und Ihre Unternehmungen letztlich dem Ziel, dass Sie sich wohlfühlen und glücklich sind?

K: Ja, gewiss.

D: Wieso nehmen Sie dann den Umweg über die äußeren Ziele? Wieso fragen Sie sich nicht, ob es vielleicht einen kürzeren Weg zum Glück gibt? Vielleicht hängt Ihr Wohlbefinden gar nicht davon ab, ob und wie viele Ziele, Pläne und Wünsche, die Ihr äußeres Tun betreffen, sich verwirklichen? Schauen Sie sich in der Welt um, schauen Sie sich die Menschen an. Haben sie äußerlich Erfolg und erreichen sie, was sie erstrebten, haben sie schon neue Ziele. Immer mehr, immer weiter, immer höher. Laufen sie nicht alle einem Phantom hinterher? Sind die »Erfolgreichen«, die »Mächtigen«, die »Angesehenen«, die »Reichen« wirklich die glücklichsten Menschen?

K: Das nicht, jedenfalls nicht immer.

D: Also hängt unser Glück vielleicht gar nicht davon ab, was wir in unserem äußeren Tun erreichen, erwerben und umsetzen.

K: Wovon denn?

D: Vielleicht davon, ob wir mit dem, was wir haben, was wir sind und was wir tun, zufrieden sind. Dass wir an dem, was ist, unser Genügen finden. Dass wir für all das dankbar sind und nicht darauf schauen, was wir nicht haben, was wir noch alles machen und umsetzen könnten. Dass wir mit uns im Reinen sind, dass wir »Ja« sagen können zu dem Leben, das wir führen, zu den Gedanken und Empfindungen, die wir haben, zu der Welt, wie sie ist, zu den Menschen, wie sie sind. Dass wir gut ertragen, was wir nicht ändern können.

Auch mit einer solchen Einstellung der Selbstgenügsamkeit können und sollten wir durchaus nicht auf unsere

Wünsche und Ziele verzichten. Wir sollten uns vielmehr mit all unserer Kraft und unseren Fähigkeiten dafür einsetzen, sie zu erreichen. Wir sollten aber unser Glück und Wohlbefinden nicht mit der Erreichung dieser Ziele verknüpfen, sondern uns über das freuen, was bereits da ist. Der Weg ist das Ziel. Unterwegs finden wir mehr Befriedigung und Erfüllung als am Ziel, wo wir zwar einen Moment großer Freude erleben. Der ist aber schnell wieder verflogen, und unversehens widmen wir uns neuen Zielen. Äußere Ziele zu haben ist gut und sinnerfüllend. Haben wir sie aber erreicht, müssen wir die entstehende Leere alsbald wieder mit neuen Zielen ausfüllen. Das ist vollkommen in Ordnung, solange wir die Zielerreichung nicht über die Freude am Prozess der Verwirklichung stellen. Es ist wie beim Wandern: Den Gipfel zu erreichen ist schön, aber was uns eigentlich guttut, ist das Wandern dorthin.

Wer sich in Dankbarkeit, Genügsamkeit und Bescheidenheit übt, findet Freude und Glück in den kleinsten Dingen und Ereignissen. Warum schauen wir immer so gebannt auf das, was uns fehlt, anstatt auf das, was wir bereits haben? Überhaupt sollten wir alles Äußere nicht so wichtig nehmen. Haben wir erreicht, was wir wollten, wollen wir mehr. Das kommt daher, weil uns die äußeren Dinge keine dauerhafte Befriedigung und Erfüllung geben. Es ist aber eine Krankheit, immer mehr haben zu wollen. Dauerhafte Befriedigung finden wir nur in uns selbst, in innerer Ausgeglichenheit und der Freiheit von negativen Emotionen wie Ängsten, Sorgen, Neid, Zorn, Überforderung, Gier, Eifersucht etc. Das sind alles Emotionen, die daher rühren, dass wir bestimmten Vorstellungen, Wünschen oder Äußerlichkeiten nachhängen, uns von ihnen vollständig vereinnahmen lassen, sie verbissen verfolgen und nicht von ihnen ablassen können. Gelänge es, die innere Bindung an sie zu lockern, wären wir viel ruhiger und entspannter. Lockern heißt nicht, dass wir unsere Wünsche und Ziele und deren Verwirklichung aufgeben, sondern dass wir den Druck herausnehmen und ihre Bedeutung für unser Wohlbefinden relativieren.

K: Und Sie meinen, dass ich mich mit solch einer Einstellung weniger ärgere?

D: Da bin ich ganz sicher. Der Ärger entsteht aus enttäuschten Erwartungen, aus zerschlagenen Hoffnungen, aus verpassten Gelegenheiten. *»Ich ärgere mich«,* heißt es. Mit anderen Worten: Wir selbst sind es, die uns die Grube graben, in die wir dann fallen. Durch unsere hohen Erwartungen, übersteigerte Hoffnungen, verbissenes Streben, hartnäckige Fixierung auf das Ziel arbeiten wir dem Ärger fleißig vor, wenn es denn anders kommt. Ist uns aber der Weg wichtiger als das Ziel, das Leben im Hier und Jetzt, unsere gegenwärtige Befindlichkeit, so bleiben wir entspannter und gelassener.

Menschen, die nur in ihren Zielen, Wünschen und Träumen leben, die starr und vehement nur das Ziel im Auge haben, die ganz auf die Zukunft fixiert sind, die leben gar nicht wirklich. Denn wir leben immer nur im gegenwärtigen Augenblick. Das Vergangene ist vorbei, das Zukünftige ist noch nicht da. Verpassen wir aber den jetzigen Augenblick, verpassen wir das Leben. Jetzt, im gegenwärtigen Augenblick, gilt es, in vollkommener Präsenz sich und was uns umgibt, was mit uns gerade geschieht, welche Emotion und Stimmung uns trägt, wach und achtsam zu erleben. Wahrhaft leben wir nur im Hier und Jetzt. Zukunft und Vergangenheit sind begleitende Erscheinungen, die zwar gleichzeitig im Bewusstsein vorhanden und gar nicht wegzudenken sind. Sie dürfen sich aber nicht in den Vordergrund schieben und das gegenwärtige unmittelbare Erleben verdrängen, überdecken, verschatten oder verzerren. Für ein gelingendes Leben kommt es auf die Qualität und Intensität gelebter Gegenwart, auf die erfüllten Augenblicke an.

Ich hatte einmal einen spirituellen Lehrer, der eine Ruhe ausstrahlte wie eine erhabene Gebirgslandschaft. Ich fragte ihn, wie er das mache. Er antwortete: Wenn ich sitze, dann sitze ich, wenn ich gehe, dann gehe ich, wenn ich mich reinige, dann reinige ich mich, wenn ich esse, dann esse ich, wenn ich meditiere, dann meditiere ich. Seitdem bemühe ich mich, das, was ich gerade tue, gesammelt und in voller Bewusstheit zu tun, sei es auch eine noch so geringfügige Verrichtung. Wir können beim Abtrocknen meditieren.

Haben wir das verinnerlicht, ist es uns in Fleisch und Blut übergegangen und zu einer festen Haltung geworden, dann wird es immer unwichtiger, ob, wann und wie wir unsere äußeren Ziele und Wünsche erreichen und verwirklichen. Wir haben unser Glück nicht auf morgen verschoben, sondern erleben es bereits hier und jetzt in jeder Handlung, die wir tun. Dann entweicht der Druck, der von unseren Absichten und von einer zu starken Orientierung auf zukünftige Ziele ausgeht. Wir tun unser Bestes, um das Ziel zu erreichen, gelingt es uns, freuen wir uns, verfehlen wir es, bleiben wir trotzdem wohlgelaunt und guter Dinge. Da ist kein Platz für Ärger und Frustration. Wir haben begriffen, dass es im Leben so ist und nicht anders sein kann: Das eine erreichen wir, das andere nicht. Manches Unerwartete stellt sich ein, das uns große Freude bereitet, mit der wir gar nicht gerechnet haben. Vielleicht sind die schönsten Dinge sogar gerade die, die kommen, ohne dass wir sie angestrebt oder erwartet haben, und auf die wir nicht einmal hoffen durften. Nehmen, was kommt, loslassen, was geht, bereitwillig verzichten auf das, was sich nicht einstellen will, gelassen aufgeben, was misslingt. Wo soll da noch Platz sein für Ärger und Frustration? Ich kenne diese Gefühle schon lange nicht mehr, und es tut mir gut. Ich vermisse sie nicht. Und wenn eines dieser Gefühle sich doch einmal einstellt, dann gehe ich mit mir hart ins Gericht, und anstatt das »böse Schicksal« anzuklagen, mache ich mir klar, dass ich mich bewusst oder unbewusst zu stark an irgendeinen Wunsch oder an ein Ziel gebunden habe, dass ich »anhafte«. Ich werfe mir dann meine übertriebene Ambition vor und löse die innere Bindung. Ich sage mir, dass mein Wohlbefinden von der Erfüllung des Wunsches oder der Erreichung des Ziels nicht abhängt. Auf diese Weise wird es gleichgültig, ob sich der Wunsch erfüllt oder nicht. Es kommt zu keiner Frustration.

K: Wie kommt man zu so einer Haltung?

D: Wie man zu jeder Art innerlicher Veränderung kommt: üben, üben, üben, im Denken, Handeln, Sprechen, Bewerten, Wollen und Fühlen. Bedenken Sie immer wieder die wichtigsten Lehrsätze, die wir besprochen haben, morgens, bevor Sie aufstehen, und abends, wenn Sie sich hinlegen. Tun Sie das aber nur, wenn Sie sie wirklich eingesehen haben und für richtig oder doch plausibel halten. Sie sollen sich nicht überreden, sondern überzeugen. Wenn Sie etwas nicht verstehen oder Zweifel haben, kommen Sie bitte wieder und lassen Sie uns Ihre Bedenken besprechen und ausräumen. Vielleicht haben Sie ja recht, und nicht Sie, sondern ich muss umdenken. Und mit mir all die Weisen und Philosophen, von denen ich mein Wissen und meine Anschauungen habe.

Wie dem auch sei: Die feste innere Überzeugung ist der Felsen, auf dem Sie das Haus einer neuen Lebensanschauung errichten. Es geht nicht um Autosuggestion, sondern um philosophische Erkenntnis. Mag es auch »ewige, absolute Wahrheiten« oder »endgültige Antworten« auf unsere Lebensfragen nicht geben, wir müssen doch jeden Tag handeln und Entscheidungen treffen, und da sollten wir unserer Vernunft, unserer inneren Überzeugung und der besten Einsicht folgen, zu der wir durch Nachdenken gelangen. Vielleicht auch unserem »Bauchgefühl«, aber nur, wenn wir es durch Lebenserfahrung zur Weisheit erzogen und es durch lange Übung für das sensibilisiert haben, was uns dauerhaft guttut. Auf ihr »Bauchgefühl« berufen sich viele. Aber bei vielen Menschen rufen aus dem Bauch vor allem ungezügelte Triebe und Begehrlichkeiten, Fremdprägungen und ungeprüfte Vorurteile, nicht die Weisheit. Bei vielen von uns sind die natürlichen Instinkte korrumpiert, nicht zuletzt durch falsches Denken.

Grübeln Sie nicht zu lange auf einmal, lieber mehrmals täglich einige Augenblicke, dafür aber kontinuierlich und über einen längeren Zeitraum. Das setzen Sie fort, bis Ihnen bei jedem aufkommenden Ärger all die Gedanken sofort gegenwärtig sind, die wir gerade besprochen haben, bis Ihnen spontan alle Argumente einfallen, die gegen Ärger, Zorn und Frustration sprechen, bis solche Emotionen sich gar nicht mehr einstellen.

Begleiten Sie auch Ihr Handeln mit entsprechenden Gedanken. Sagen Sie sich bei dem Ziel, das Sie verfolgen, bei jeder Unternehmung, die Sie beginnen: »… wenn nichts dazwischenkommt.« Und: »Wenn mir das nicht gelingt, so gelingt mir etwas anderes.« »Es ist schon gut, wie es ist. Erreiche ich es nicht, freue ich mich an dem, was ist.« Tun Sie Ihr Bestes, aber bleiben Sie völlig gelöst, was die Zielerreichung angeht.

Nachdem ich selbst vor vielen Jahren diese Sachzusammenhänge eingesehen und ich mich entsprechend innerlich umgestellt und eine andere Haltung zu diesen Fragen eingenommen hatte, machte ich eine überraschende Entdeckung. Mir gelang vieles besser als früher, tatsächlich erreichte ich mehr von den mir gesteckten Zielen. Wir denken, wir sind erfolgreicher in unseren weltlichen Aktivitäten, wenn wir »für eine Sache brennen«, »100 Prozent und mehr« geben, wenn wir all unser Wollen und all unsere Energie auf die Erreichung unserer Ziele fokussieren. Ich habe aber die Erfahrung gemacht, dass mehr Kraft und Energie aus ruhiger Besonnenheit und unaufgeregter Gelassenheit fließen. Eine überspannte und zu ehrgeizige Einstellung ruft häufig Sorgen und Ängste, Ärger, Frust, Stress, Unruhe und Überforderung hervor, alles Gefühle, die an einem zehren und Kräfte rauben. Und selbst wenn der Ehrgeizige und Verbissene anfänglich größere und schnellere Erfolge aufweisen kann, auf Dauer setzt sich ein ruhiges, organisches, beharrliches Voranschreiten durch. Nicht das Harte und Starre siegt, sondern das Weiche. Glücklich lebt nur, wer sich auf dem Weg zum Ziel bereits wohlfühlt und in sich ruht, und nicht erst am Ziel. Das Leben ist ein Langstreckenlauf: Wer das Rennen zu schnell angeht, wird nicht weit kommen. Beim ersten Marathonlauf der Geschichte im alten Griechenland brach der Läufer am Ziel zusammen und war tot. Er erlangte ewigen Ruhm, aber verlor sein Leben.

Achten Sie darauf, wie Sie reden. Ihre Worte wirken auf Ihr Denken und Ihre Haltung zurück. Wenn Sie ständig davon reden, wie wichtig es Ihnen sei, das angestrebte Ziel zu erreichen, dann lastet es auf Ihrer Seele immer schwerer. Wenn Sie sich oder anderen dagegen Sätze sagen wie: »Ich versuche es einmal, mal sehen, ob es gelingt; wenn nicht, geht das Leben auch weiter; dann versuche ich es vielleicht zu einem späteren Zeitpunkt noch einmal oder nehme mir etwas ganz anderes vor. Wenn es nicht sein sollte, wird es seine Gründe haben.« Wenn Sie solche Gedanken sich selbst sagen und anderen gegenüber aussprechen, verfestigen sie sich in Ihrem Denken und verändern im Laufe der Zeit Ihre Haltung. Es stellt sich eine Leichtigkeit des Seins ein. Die äußeren Dinge, Verhältnisse und Unternehmungen verlieren an Gewicht und Bedeutung, und das ist gut für die innere Ruhe und Gelassenheit.

Schließlich sollten Sie sich immer wieder vergegenwärtigen, worauf es wirklich ankommt. Verändern Sie Ihre innere Wertehierarchie. Der Weg ist wertvoller als das Ziel, das Jetzt wertvoller als das Morgen, das Vorhandene wertvoller als das, was fehlt, das Erlangte wertvoller als das Begehrte, das unmittelbare Leben wertvoller als das, was noch kommt, unsere inneren Werte wichtiger als äußere Güter, unsere Seelenverfassung wichtiger als unser äußerer Besitz, unser Selbstwertgefühl wichtiger als unser gesellschaftlicher Status. Sagen Sie sich das immer wieder und denken Sie darüber nach.

Üben Sie sich in Bescheidenheit, Demut und Dankbarkeit. Es finden sich täglich viele Dinge, an denen Sie sich erfreuen können, ohne lange danach zu suchen oder dafür zu arbeiten.

Wenn Sie all das regelmäßig üben, mit mir oder Freunden durchsprechen, Bücher lesen von Weisen, die genau das erkannt haben, dann wird sich Ihre Haltung ändern. Im Laufe der Zeit werden Gefühle wie Ärger, Enttäuschung, Frustration, Zorn immer seltener auftreten und am Ende ganz verschwinden.

Nach dieser »Predigt«, die mir sehr lang vorkam, sagte der Mann nichts mehr. Es trat längeres Schweigen ein. Wahrscheinlich dachte er über das Gesagte nach. Dann stand er auf, bedankte sich und ging. Eine ganze Zeit lang kam er regelmäßig wieder und machte wohl auch Fortschritte, soweit ich das mitbekam. Ich weiß nicht, ob er wirklich verlernte, sich zu ärgern, und ob seine Magengeschwüre verschwanden. Ich könnte es mir aber gut vorstellen. Seine Stimmung jedenfalls besserte sich merklich von Sitzung zu Sitzung. Natürlich gab es auch Rückschläge, Zweifel und Kritik. Aber Diotima ging verständnisvoll auf alles ein und fand immer starke Argumente. Ich hatte den Eindruck, dass ihn das immer mehr überzeugte, sodass seine Wohlgelauntheit zusehends anstieg.

Auch bei mir blieb diese Sitzung nicht ohne Wirkung. Denn ich regte mich früher fast ebenso leicht auf wie dieser Klient. Aber irgendwann nach diesem Gespräch bemerkte ich bei mir, dass ich gelassener wurde und mich nur noch selten ärgerte oder Frustrationen erlebte. Hätte ich Diotima dafür etwas bezahlen oder auf einen Teil meines Gehalts verzichten sollen?

Aus den weiteren Sitzungen habe ich mir noch folgende Aussprüche notiert:

»Nicht die Dinge selbst beunruhigen die Menschen, sondern die Vorstellungen von den Dingen.«

Epiktet[2]

»Konfuzius geriet in Gefangenschaft, trotzdem sah man ihn singen und die Laute spielen: ›Wer in der Erkenntnis dessen, dass Erfolg und Misserfolg von Schicksal und Zeit abhängen, in der größten Not nicht zagt, der hat den Mut des Heiligen.‹«

Zhuangzi[3]

»Weise und glücklich ist,
wer den Ärger in sich überwinden kann.«
Bhagavadgita[4]

»Man weiß nie, ob einer, der eine schöne Frau heiratet,
durch sie mehr Freude oder mehr Leid hat im Leben.«
Sokrates[5]

»Manches keimt und wächst, kommt aber nicht zur Blüte.
Manches blüht, bringt aber keine Früchte.«
Konfuzius[6]

»Dem Menschen gelingt kein Plan –
denn der des Herrn des Lebens ist ganz anders.«
Altes Ägypten[7]

»In Glück und Unglück sich gleich bleiben.«
Bhagavadgita[8]

»Sich selbst recht machen ist alles.
Was von außen her der Zufall bringt,
ist nur vorübergehend.«
Zhuangzi[9]

»Mit sich selbst ins Reine kommen,
ist die beste Vorbereitung auf das ungewisse Schicksal.«
Yamamoto Tsunetomo[10]

»So bedenkt der Edle das Unglück und
rüstet sich im Voraus dagegen.«
I Ging[11]

Wie reagiere ich auf Rückschläge und Niederlagen?

»Lass die Sorge nicht überhandnehmen,
damit du nicht verstört wirst.
Wenn das Herz um seinen Besitzer zu sehr besorgt ist,
dann schafft es ihm Krankheit.«
Altes Ägypten[1]

Sie war etwa vierzig Jahre alt, blondes mittellanges Haar, elegant gekleidet, attraktiv, selbstbewusst, jedenfalls nach außen hin. Sehr schnell wurde klar, dass das äußere Erscheinungsbild nur eine jahrelang praktizierte Fassade war, beruflich bedingt, und dass es im Innern ganz anders aussah. Sie war Rechtsanwältin in einer sehr renommierten Kanzlei mit vielen Standorten im In- und Ausland. Der Hauptsitz war in New York, von wo aus alle wesentlichen Entscheidungen und Vorgaben für die Standorte im Ausland vorgegeben wurden, also eine stark amerikanisch geprägte Kanzlei. Es herrsche, sagte sie, ein extrem hoher Leistungsdruck mit ständigem Controlling und dem Bemühen, Effizienz, Umsatz und Gewinn kontinuierlich zu steigern. Keiner der Partner arbeite weniger als sechzig bis siebzig Stunden in der Woche. Es gebe kaum Erholungsphasen, und die Urlaubszeit, die maximal am Stück genehmigt werde, seien acht Tage.

Das schrecke sie nicht ab. Sie strebe an, in dieser Kanzlei Partnerin zu werden. Aber das heiße für einige Jahre noch mehr Stress und Einsatz, als die Partner leisteten, daneben eigene neue Mandate zu akquirieren und hohe jährliche Umsatzzahlen zu erreichen. Sie wolle all das erfüllen. Die Arbeit mache ihr durchaus Freude. Das Renommee der Kanzlei und ihr gesellschaftlicher Status seien entsprechend herausgehoben, und diese Reputation bedeute ihr etwas. Wenn sie einmal zur Partnerin aufgestiegen sei und geeignete Zuarbeiter einstellen und heranziehen könne, werde sie einen Gang herunterschalten. So der Plan.

Aber das alles sei nunmehr in weite Ferne gerückt. Seit einem halben Jahr habe sie keine Akte mehr in die Hand nehmen können. Burn-out. Ganz plötzlich, von heute auf morgen. Ihr Körper habe sie vollständig ausgebremst. Es sei ihr unmöglich, einen klaren juristischen Gedanken zu fassen, ganz zu schweigen davon, diesen dann auch noch schriftlich zu formulieren. Stillstand, vollkommene Blockade. In den letzten zwei Wochen sei es etwas besser geworden, aber arbeiten könne sie immer noch nicht. Sie habe Diotimas Adresse von ihrer Psychotherapeutin, bei der sie seit Ausbruch des Burn-outs in Behandlung sei. Diese meine, die Ursache für ihren Burn-out sei auch ein geistig-mentales Problem und habe viel mit ihrer Haltung, ihren Werten und ihrer ganzen Weltsicht zu tun. Da könne ein philosophisches Gespräch hilfreich sein. Sie habe schon öfter Klienten zu Diotima geschickt. Stets habe es geholfen. Der Heilungsprozess habe danach gute Fortschritte gemacht.

D: Wenn Ihnen Ihre Psychotherapeutin da mal nicht zu viele Hoffnungen gemacht hat. Ich kann keine Wunder vollbringen. Ich heile überhaupt nicht, auch wenn für mich die Philosophie in ihrem praktischen Teil eine Art Seelenheilkunde ist, ganz im Sinne der Erfinder dieser Philosophie. Aber der Arzt sind Sie selbst. Ich kann Ihnen allenfalls dabei helfen, dass Sie sich selbst heilen. Und das auch nur, wenn Sie überzeugt sind von dem, was ich Ihnen sage, und wenn Sie die Entschlossenheit, den Willen, die Kraft und die Beharrlichkeit haben, an sich zu arbeiten, und konsequent die Übungen praktizieren, die Sie auf Dauer wieder gesund machen und verhindern, dass Ihnen so etwas noch einmal passiert. Verstehen allein reicht nicht, das ist bloß die Anamnese, die Feststellung der Ursachen für Ihr Leiden. Dann aber muss die Therapie folgen. Die besteht darin, dass Sie diese Ursachen beseitigen. Die Ursachen bestehen in bestimmten Denk-, Verhaltens- und Bewertungsgewohnheiten. Also müssen Sie umdenken, sich ändern, umprogrammieren, »sich gesund denken«, wie die Alten sagten. Das geht aber nicht von heute auf morgen. Sie müssen viel üben, um anders zu denken als bisher, um andere Vorstellungen, Anschauungen und Werte zu entwickeln und diese in Ihrem Bewusstsein fest zu verankern. In den vielen Jahren Ihrer beruflichen Karriere haben sich in Ihren Vorstellungen feste Muster gebildet, die aufgebrochen und umgestellt werden müssen. Aber werden wir konkret. Was, meinen Sie, hat zu Ihrem Burn-out geführt?

K: Ich habe zu viel gearbeitet, nehme ich an.

D: Das ist gewiss ein Teil der Wahrheit. Wir müssen aber genauer werden. Es gibt Menschen, die noch mehr arbeiten als Sie, aber keinen Burn-out bekommen. War es nur die viele Arbeit oder noch etwas anderes? Waren Sie nur müde und erschöpft oder konnten Sie noch andere Gefühle bei sich beobachten?

K: Auf allen Mitarbeitern lastet viel Druck. Die Erwartungshaltung ist allgemein sehr hoch. Keiner verlässt das Büro vor 20 Uhr, jedenfalls von den angestellten Anwälten. Das würde keinen guten Eindruck machen.

D: Gibt es auch Konkurrenz unter den Anwälten?

K: Unter denen, die Partner werden wollen, ist der Konkurrenzdruck sehr hoch. Partner zu werden streben natürlich alle an oder doch die meisten.

D: Neid?

K: Ja, bei einigen wohl auch Neid auf Erfolge oder Neuakquisitionen der Konkurrenten, die ebenfalls eine Partnerschaft anstreben. Es ist nicht so leicht, als Teilhaber in die Firma aufgenommen zu werden. Die Auswahlkriterien sind streng, die Anforderungen und notwendigen Leistungsprofile sind sehr hoch. Wer hier gut performt, wird von den anderen oftmals beneidet.

D: Haben Sie Familie?

K: Nein, jedenfalls keine Kinder. Aber ich lebe in einer Partnerschaft.

D: Darf ich fragen, ob die Partnerschaft erfüllend und glücklich ist?

K: Ich würde sagen ja. Wir sehen uns nicht sehr häufig und haben nicht viel Zeit mit- und füreinander. Auch mein Lebenspartner ist in seinem Beruf sehr gefordert. In der wenigen Zeit, die wir miteinander verbringen, geben wir uns wenig Reibungsflächen. Wir vermeiden es, uns zu streiten, und das funktioniert gut.

D: Schlafen Sie gut?

K: Jetzt geht es. Aber als ich noch rund um die Uhr arbeitete, haben mich manchmal die Fälle oder kritische Mandate bis in den Schlaf verfolgt, der dann nicht sehr erholsam war, wie Sie sich vorstellen können. Ich versuchte, jeden Abend Sport zu treiben, dann war ich körperlich erschöpft, das half.

D: Warum haben Sie so viel gearbeitet?

K: Nun, das habe ich ja gesagt. Ich möchte in der Kanzlei als Partnerin aufgenommen werden.

D: Warum möchten Sie Partnerin werden?

K: Das ist natürlich wirtschaftlich sehr attraktiv. Ich wäre zudem unabhängiger und hätte Mitarbeiter, an die ich Arbeit delegieren könnte. Ich will auch nicht verhehlen, dass mein gesellschaftlicher Status in und außerhalb der Kanzlei ein anderer sein würde. Partner in einer solch renommierten Kanzlei zu sein, das ist schon etwas.

D: Was gibt Ihnen das? Was haben Sie eigentlich von einem hohen gesellschaftlichen Status?

K: Ich denke, einen Zuwachs an Anerkennung und Wertschätzung.

D: Und was bringt Ihnen Anerkennung und Wertschätzung?

K: Na ja, ich fühle mich besser.

D: Ist es mit den anderen von Ihnen genannten Zielen nicht genauso? Das, was wir tun, dient das nicht letztlich alles dem Ziel, dass wir uns besser fühlen und zufriedener sind mit unserem Leben? Geht es uns nicht am Ende stets um ein besseres Lebensgefühl, etwa weil wir keinen Chef mehr haben, unabhängiger arbeiten können, über eigene Hilfskräfte verfügen, die uns zuarbeiten und die wir selbst führen und ausbilden? Ist die Erhöhung unseres Einkommens nicht deshalb erstrebenswert, damit wir uns Dinge leisten können, von denen wir uns eine höhere Lebensqualität und ein angenehmeres Leben versprechen, von einem komfortablen Wagen über Urlaube in exquisiten Hotels bis hin zu einem Segelboot, einem Haus im Grünen, einem Chalet in der Schweiz oder einem Landhaus in Irland, wo wir uns zweimal im Jahr entspannen können von der Hektik und dem Stress unseres Berufs?

K: Ja, gewiss.

D: Läuft also nicht alles, was wir mit unserer beruflichen Karriere anstreben, letztlich darauf hinaus, dass wir uns wohlfühlen in unserer Haut, dass wir Freude am Leben haben und im Ganzen mit unserem Leben zufrieden sind, bei der Arbeit wie im Privaten?

K: Ja, so muss man es wohl sehen.

D: Nun haben Sie jahrelang viel investiert, um Ihre beruflichen Ambitionen zu verwirklichen: angefangen von einem Einser-Abitur, ein erfolgreiches Studium, ein herausfordernder, arbeitsreicher Aufstieg in einer internationalen Kanzlei. Über zwanzig Jahre Ihres Lebens haben Sie viel Fleiß und Mühe darauf verwendet und viele Entbehrungen in Kauf genommen, um Ihr berufliches Ziel zu erreichen. Vorläufig geendet aber hat es in einem Burn-out, in Erschöpfung, Überforderung und Enttäuschung.

K: Es hätte aber auch funktionieren können und wird vielleicht auch noch funktionieren, wenn ich wieder gesund bin und meine Arbeit ausüben kann wie zuvor. Die Kanzlei hat mich noch nicht abgeschrieben und wartet auf meine Genesung und Rückkehr.

D: Selbst wenn Sie wieder gesund werden, selbst wenn die Kanzlei Sie irgendwann als Partnerin aufnehmen wird, meinen Sie wirklich, dass der Druck dann aufhört? Leben die jetzigen Partner ein erfülltes, glückliches Leben? Hat der übermäßige Stress für sie aufgehört? Ich habe auch einmal in dieser Branche gearbeitet, hatte aber nicht das Gefühl, als führten die Partner unterm Strich gesehen ein gutes Leben. Sie kamen mir vor wie Getriebene, die nicht zur Ruhe kommen. Die Arbeit machte ihnen Freude, sagten sie jedenfalls, aber sie standen teilweise noch viel stärker unter Umsatz- und Leistungsdruck als die angestellten Anwälte. Viele arbeiteten auf den Zeitpunkt ihres Ausscheidens hin, um dann so richtig gut zu leben. Bei den Konferenzen über die Umsatzzahlen und die Verteilung der Gewinne wurde viel gestritten, häufig mit zweifelhaften Mitteln, Seilschaften und Intrigen. Es ging stets hoch her: Druck, Neid, Wachstum, Umsatzziele etc. Vieles, was sie schon immer tun wollten, verschoben sie auf die Zeit nach Beendigung ihrer Tätigkeit. Bei vielen von ihnen ging das Leben, so meine Wahrnehmung, mit Aufschieben dahin. Aber dass sie dann wirklich ins Paradies eingingen, wenn sie aus der Kanzlei ausschieden, habe ich nicht feststellen können. Häufig arbeiteten sie weiter in beratender Funktion. Manche wussten mit ihrer Freizeit wenig anzufangen oder wechselten von einer Aktivität in die andere.

K: Das muss aber nicht so sein. Das liegt an jedem Einzelnen. Es gibt auch andere Beispiele.

D: Gewiss … Jemand erzählte mir einmal, sie seien vier Freunde gewesen, die in dieselbe Schulklasse gingen. Ihre Freundschaft hielt lebenslang. Sie trafen sich regelmäßig. Sie alle hatten eine Beamtenlaufbahn eingeschlagen und im Laufe ihres Lebens hoch angesehene Posten bekleidet. Sie freuten sich auf die Zeit nach ihrer Pensionierung und schmiedeten große Pläne. Drei von den vieren starben im ersten Jahr nach ihrer Pensionierung. Jetzt sei nur noch er übrig. War es ein unglücklicher Zufall? Er wisse es nicht. Es habe ihm aber zu denken gegeben.

K: Was raten Sie mir? Ich halte die Perspektive einer Partnerschaft immer noch für sehr attraktiv und erstrebenswert. Ich mag meinen Beruf und möchte ihn gut und erfolgreich ausüben.

D: Das möchten wir alle. Wir dürfen darüber aber nicht vergessen, dass ein zufriedenes, körperlich und mental gesundes Leben wichtiger ist. Beruflicher Erfolg kann uns viel Zufriedenheit vermitteln, er kann uns aber gleichzeitig von uns und unserem eigentlichen Ziel eines gelingenden Lebens wegführen. Das liegt daran, dass wir nur als ganzer Mensch unter Berücksichtigung aller unserer wesentlichen Bedürfnisse wirklich zufrieden leben und uns in unserer

Haut rundum wohlfühlen können. Unsere Seele ist ein vielköpfiges Ungeheuer, von dem jeder Kopf, das heißt jedes Bedürfnis, jeder Trieb, jeder Wunsch und jede Sehnsucht, die Tendenz hat, die anderen zu unterdrücken und sich zum Alleinherrscher aufzuschwingen. Gelingt ihm dies, vergewaltigen wir uns selbst. Menschen, die einseitig und eindimensional leben, weil sie nur einem Bedürfnis folgen und alle anderen unterdrücken, leben unausgeglichen. Es bleibt eine innere Disharmonie, die zur Zerrissenheit werden kann.

Unser Körper ist gesund, wenn jedes Organ das Seine tut und nicht übergriffig wird, weder eine Unter- noch eine Überfunktion entwickelt, wenn die Kreisläufe der verschiedenen Körper- und Zellsubstanzen harmonisch miteinander arbeiten und ungestört fließen, wenn das Netzwerk von Hormon-, Nerven- und Immunsystem miteinander kommuniziert und aufeinander reagiert, so wie es die Natur eingerichtet hat. Weicht es von diesem vorgegebenen, funktionsgerechten Zusammenspiel ab, so werden wir krank.

Unser Seelenleben arbeitet genauso. Werden wir unseren verschiedenen Bedürfnissen nicht gerecht, weil wir etwa Wesentliches unterdrücken oder verdrängen, anderes über die Maßen aufblähen und groß machen, selbstschädigende Kräfte nicht zügeln, Begabungen und Anlagen nicht nähren und entwickeln, dann gerät unser Seelenleben in ein Ungleichgewicht. Es entstehen Spannungen, Konflikte und gegenseitige Beschädigungen. Unsere Seelenkräfte arbeiten nicht harmonisch zusammen, sondern gegeneinander. Wir verlieren unsere Balance und unsere Mitte. Wir werden mental krank. Zorn, Wut, Aufgeregtheit, Angst, Sorgen, Neid, Gier, Eifersucht, Missgunst, Hybris, zügellose Leidenschaft etc. sind die Symptome, mit denen sich eine unausgeglichene Seelenverfassung zuerst bemerkbar macht. Wer solche Gefühle hat, ist nicht glücklich, sondern unglücklich. Schließlich endet dieser Prozess in einer körperlichen Krankheit, denn diese wird in aller Regel hervorgerufen und ausgelöst durch starke Belastungen, seelisches Unwohlsein, Stress und innere Unausgeglichenheit.

K: Wie vermeide ich das? Wie komme ich dahin, dass mein Seelenleben ausgeglichen ist?

D: In Ihrem Fall kann man als Erstes feststellen, dass Sie nicht weiter so leben sollten, wie Sie bisher gelebt haben. Das war zu einseitig und zu kräftezehrend mit zu wenig Ausgleich und Entspannung. Sie hatten das rechte Maß verloren. Ehrgeiz und Ambitionen sind nichts Schlechtes. Wir spüren uns im Flow, leben unsere Talente aus, hinterlassen Spuren in der Welt. Das gibt uns Selbstbewusstsein, Anerkennung und Wertschätzung. Es gibt uns Resonanz. Unsere Lebenswelt antwortet auf uns. Das gibt Kraft, Selbstvertrauen und Befriedigung. Wo wir aber das rechte Maß überschreiten, da beginnen wir zu leiden, fühlen uns zusehends schlechter und werden am Ende krank. Kurz: Ich empfehle Ihnen, weniger zu arbeiten und mehr Erholungspausen einzulegen. Wenn das nicht akzeptiert wird, suchen Sie sich eine andere Kanzlei. Setzen Sie sich nicht unter zu großen Druck. Sie sehen, wie das endet.

K: Wie mache ich das, wenn alle um mich herum Höchstleistungen erbringen und das auch von mir erwarten.

D: Widersetzen Sie sich den Erwartungen. Sagen Sie sich immer wieder: »Es ist mir gleich, was die anderen von mir erwarten. Ich suche mein rechtes Maß in mir und versuche, dieses Maß mit den Anforderungen meines Berufs in Einklang zu bringen. Meine Gesundheit hat Vorrang. Ich gebe mein Bestes, aber ich gebe nicht mehr, als ich mit meinen geistigen und körperlichen Kräften gut bewältigen und vereinbaren kann.«

Achten Sie auf den Ausgleich, auf die Ruhepausen, auf Zeiten völligen Abschaltens. Nehmen Sie sich gegen alle äußeren und inneren Widerstände die Zeit, die Ihr Körper und Geist brauchen, um sich zu erholen. Widmen Sie ausreichend Zeit Ihren anderen Interessen wie Familie, Partner, Freunde, Hobbys, Reisen, Sport. Werten Sie Ihre beruflichen Ziele ab und Ihre persönlichen Ziele wie Gesundheit, Wohlbefinden, Glück und Zufriedenheit auf. Identifizieren Sie Ihr persönliches Glück nicht nur mit Ihren beruflichen Zielen. Sie werden häufig viel zu teuer erkauft. Ihre Erreichung garantiert keineswegs, dass Sie glücklicher leben. Der Weg zu Ihren Zielen muss Ihnen Freude machen, das Unterwegssein selbst muss stimmen, jeden Tag aufs Neue. Finden Sie Ihr rechtes Maß und setzen Sie es durch. So wird Ihnen jeder Arbeitstag Freude bereiten.

Es ist hilfreich, wenn Sie sich immer wieder sagen: »Ich habe berufliche Ziele und gebe mein Bestes, um sie zu erreichen, aber das ist nicht das Wichtigste; eigentlich ist es sogar gleichgültig, ob und was sich davon verwirklichen lässt, was ich erreiche oder was ich verfehle. Die Arbeit selbst füllt mich aus, nicht das Ziel.« Drosseln Sie Ihre beruflichen Ambitionen so weit, dass der Druck, der davon ausgeht, sich gut aushalten lässt und Ihre allgemeine Lebensfreude erhalten bleibt.

K: Wie finde ich dieses »rechte Maß«?

D: Durch Ausprobieren und Selbstkontrolle. Verändern Sie etwas, nicht nur Kleinigkeiten. Beobachten Sie sich, horchen Sie in sich hinein und achten Sie darauf, ob Sie das Gefühl haben, sich näherzukommen oder sich von sich zu entfernen, ob Sie in Ihre Mitte kommen oder sich von ihr entfernen und sich Entfremdungsgefühle einstellen. Fragen Sie sich, ob Energie und Elan zu- oder abnehmen, stellen sich mehr gute Momente ein oder nehmen bedrückte Stimmungen zu? Sind Sie in einem positiven Flow oder drehen Sie sich in einem Hamsterrad? Wie erleben Ihr Partner und Ihre Freunde Sie? Bemerken sie eine Veränderung?

K: Ich weiß nicht, ob sich das in der Kanzlei, in der ich bin, umsetzen lässt. Alles ist ziemlich starr vorgegeben und wird streng gehandhabt.

D: Dann verlassen Sie diese Kanzlei. Wenn Sie sich nicht wohlfühlen und krank werden, ohne dass Sie daran etwas ändern können, sollten Sie gehen. Nichts ist wichtiger, als stets bei sich zu bleiben und in Umständen zu leben und zu arbeiten, die Sie nähren und nicht an Ihnen zehren, wo Sie wachsen und nicht schrumpfen, wo Sie aufblühen und nicht verwelken. Sie sind gut ausgebildet, sodass Sie gewiss einen Arbeitsplatz finden, der Ihnen bessere Umstände bietet.

K: Wenn ich weniger arbeite, werde ich dann automatisch ausgeglichener?

D: Keineswegs. Es gibt hier keinen Automatismus oder ein Patentrezept für eine gute Seelenverfassung. Jeder Mensch ist anders und hat eine individuelle Seelenkonstellation von Interessen, Begabungen, Fähigkeiten, Bedürfnissen, Seelenkräften, positiven wie negativen. Nur Sie selbst können herausfinden, wann Ihre Seelenkräfte in einem ausgewogenen Verhältnis stehen, ob Sie einem Bedürfnis im richtigen Maß nachgehen, wann Sie es vernachlässigen oder wann Sie es übertreiben. Probieren Sie Verschiedenes aus, schauen Sie in sich hinein, achten Sie darauf, wie es sich anfühlt. Freude und Leid sollen Ihr Kompass sein. Gut zu leben und für einen ausgeglichenen

Seelenhaushalt zu sorgen, ist keine Mathematik, sondern eine Kunst, nämlich Lebenskunst. All Ihre intellektuellen und emotionalen Fähigkeiten sind gefordert, vor allem Verstand, Einsicht und Intuition.

Die erste olympische Disziplin im alten Griechenland war das Wagenlenken. Man verglich es mit der Lebensführung. Sie sind der Wagenlenker Ihrer Seele und Ihres Lebens. Die Pferde sind die bewussten und unbewussten Seelenkräfte, die Zügel sind die Selbststeuerungskräfte und die Selbstbeherrschung, der Wagenlenker ist die Vernunft und die Erkenntnisfähigkeit. Mit diesem Teil erkennen Sie sich selbst, das heißt, werden sich klar über Wesen und Charakter Ihrer Pferde, sprich Ihrer Seelenkräfte: Wer bin ich? Was prägt mich, im Positiven wie im Negativen? Was sind meine wichtigsten Bedürfnisse? In welchem Verhältnis, in welcher Hierarchie stehen sie zueinander? Wenn Sie Ihre Pferde kennen, wissen Sie auch, wie Sie mit ihnen umgehen können, wie Sie sie lenken können, wie Sie sie antreiben und zügeln müssen, wie Sie sie richtig und angemessen nähren, pflegen und fördern. Erst wenn Sie das gelernt haben und sich selbst gut kennen, dann können Sie Ihren Seelenwagen, das heißt Ihr Leben, steuern und auf das Ziel hinlenken, das Sie für Ihre Bestimmung und Ihr Glück halten. Wenn Sie dann noch darauf achten, dass Ihnen die Fahrt selbst, nicht nur das Erreichen des Ziels, Freude macht und Erfüllung verschafft, dann sind Sie ein guter Wagenlenker. Sie führen das Leben, für das Sie bestimmt sind, das Ihnen guttut und Sie glücklich macht. Alles hängt davon ab, dass Sie Ihre Pferde kennenlernen und einen guten Umgang mit ihnen pflegen, sprich: dass Sie sich selbst gut kennen und mit sich selbst gut umgehen.

K: Wie geht das konkret? Ich glaube, ich habe es immer noch nicht ganz verstanden.

D: Es ist gar nicht so schwer. Reduzieren Sie Ihre Arbeitszeiten. Widmen Sie sich mehr Ihrem Partner, den Freunden, Ihren Hobbys. Meditieren Sie regelmäßig, machen Sie Atemübungen und lesen Sie gute philosophische Bücher. Ich schreibe Ihnen ein paar auf. Machen Sie sich immer wieder klar, worauf es in Ihrem Leben ankommt, was wirklich wichtig und erstrebenswert ist. Gehen Sie in die Natur, verreisen Sie, sooft Sie können, es braucht nicht weit zu sein, eine Tagestour im nahe gelegenen Naturpark oder eine schöne historische Stadt, all das löst Spannungen und tut gut, ist erholsam und gibt Kraft, den eingeschlagenen Weg beharrlich fortzusetzen.

Besuchen Sie Museen, wenn Ihnen das etwas gibt, und beschäftigen Sie sich mit derjenigen Kunst, die Ihnen am meisten Freude macht. Brechen Sie allmählich Ihre bisherigen Denk- und Verhaltensmuster auf und erweitern Sie Ihren Horizont. Schreiben Sie Tagebuch und hinterfragen Sie sich, welche Wirkungen von der Veränderung Ihres äußeren Lebens ausgehen. Sprechen Sie mit Ihren engsten Freunden darüber und fragen Sie sie nach deren Erfahrungen. Ich begleite Sie gerne eine Zeit lang auf diesem Weg. Kontinuierlicher Austausch und Überprüfung des Wegs, der Erfahrungen und der Ziele, der philosophischen Grundlagen und Argumente stärken das Selbstvertrauen und geben Kraft, konsequent die neuen Denk- und Verhaltensmuster einzuüben.

K: Mit welchem Ziel?

D: Dass Sie irgendwann einmal, ohne nachzudenken, spontan in jeder Situation aus dem Bauch heraus das Richtige entscheiden, also Maß und Mitte wahren, so gut es eben geht. Es wird immer besser gehen, je mehr Sie üben. Das Gelernte, die erweiterten Erfahrungen werden zu inneren Haltungen, zu Denk-, Verhaltens-, Wollens- und

Bewertungsmustern, die Sie begleiten und sich melden, wenn Sie sie brauchen, Sie vor Fehltritten bewahren, auf den rechten Weg führen und, vor allem, Sie gesund halten. Ohne Gesundheit ist alles nichts. Ihre körperliche Gesundheit und Ihr körperliches Wohlbefinden sind Spiegelbild Ihrer seelisch-mentalen Verfassung, Ihr Glücks-Barometer sozusagen. Arbeiten Sie mit aller Kraft daran, das Leben zu führen, das zu Ihnen passt, und nicht das der anderen und deren Erwartungen. Das ist nie gesund.

K: Ich werde es versuchen.

Das Versuchen zog sich offenbar in die Länge. Sie kam anderthalb Jahre lang etwa alle drei Wochen. Es waren stets sehr intensive Gespräche, die viel damit zu tun hatten, Ängste zu überwinden, das Wertgefüge zu verschieben, zu untersuchen, woher ihr übertriebener Ehrgeiz und das starke Geltungsbedürfnis kamen. Sie fanden die Ursache in einer frühkindlichen Prägung durch den sehr erfolgreichen Vater. Es läuft anscheinend immer auf solche Prägungen aus den ersten Lebensjahren hinaus. Davon war immer viel die Rede. Seltsam. Nachdem sie das klar herausgearbeitet hatten, ging es besser. Es kam zu merklichen Veränderungen in den Anschauungen der Klientin, in ihrer Einstellung zum Leben. Ich hörte aus ihrer Wortwahl heraus, wie sich die Werte, an denen sie ihr Leben maß und ihr Denken, Wollen und Verhalten ausrichtete, allmählich verschoben.

Am Ende verließ sie die Kanzlei und wechselte in eine kleinere »Boutique«. So nennt man wohl spezialisierte Anwaltskanzleien, die nicht in dem Maße global ausgerichtet sind wie internationale Großkanzleien. Sie bereute den Schritt nicht. Sie verdiene zwar etwas weniger als in der Großkanzlei. Dafür stimme das menschliche Verhältnis unter den Kollegen. Der Umgang sei verständnis- und rücksichtsvoll und frei von Konkurrenzdenken. Das mache alles angenehmer. Auch hier hatte sie viel Arbeit, aber es schien ihr nichts auszumachen. Es gab nicht den enormen Umsatzdruck wie an ihrem früheren Arbeitsplatz. Niemand erwartete von ihr, dass sie mehr tue, als sie bewältigen könne. Man achtete darauf, dass sich jeder Anwalt beruflich wie persönlich wohlfühle und niemand sich krankarbeite. Es gab wohl regelmäßig offizielle Gespräche innerhalb der Kanzlei darüber, was man noch tun könne, um diesem Ziel immer näher zu kommen. Die Maxime der Kanzlei war: Derjenige Anwalt arbeitet am besten und erfolgreichsten, der sich in der Kanzlei wie im Leben rundum wohl und geborgen fühlt und sich deshalb mit den Zielen und der Arbeitsorganisation der Kanzlei identifizieren kann. Sie waren offenbar auch sehr erfolgreich. Der Gründer der Kanzlei soll einmal gesagt haben: »Den Erfolg unserer Kanzlei verdanken wir dem Umstand, dass wir eine Philosophie haben und sie leben.« Was genau er damit meinte, weiß ich nicht, aber Diotima schien es zu verstehen.

Folgende Zitate aus den späteren Sitzungen habe ich aufgeschrieben, die ich mit Ihnen teilen möchte:

»Wer noch etwas erreichen will,
soll auf seinen Körper achten,
damit er leistungsfähig bleibt.«
Buch der Riten[2]

»Jede Krankheit in den Gliedern
ist eine Folge der Unmäßigkeit.«
Altes Ägypten[3]

»Maß und Mitte bewahren – das ist die höchste Weisheit. Sie ist selten geworden, seit Langem schon.«
Konfuzius[4]

»Wahre die richtige Mitte; solch Maß ist in allem das beste.«
Hesiod[5]

»Darum meidet der Weise das Zusehr, das Zuviel, das Zugroß.«
Laotse[6]

»Wer seinen Körper übermäßig beansprucht, fällt irgendwann tot um.«
Jakuan Sotaku[7]

»Die in Muße oder Anstrengung die Grenzen überschreiten, die tötet alle die Krankheit.«
Konfuzius[8]

»Heftiges Streben nach einem Ziel macht die Seele für anderes blind.«
Demokrit[9]

Gibt es auch gegen schwere Schicksalsschläge ein Rezept?

»Ein großes Unglück ist es, das Unglück nicht ertragen zu können.«
Bion von Borysthenes[1]

Der traurigste Fall, den ich in meiner Zeit bei Diotima mitbekam, betraf einen Mann Ende fünzig, der eines Tages bei uns erschien. Er hatte seine 24-jährige Tochter zu Grabe tragen müssen. Sie wurde plötzlich von einer schweren Krankheit heimgesucht und starb kurz darauf. Es sei wie aus heiterem Himmel gekommen. Er schilderte ihr Wesen in den höchsten Tönen, sodass es schwerfiel, sich nicht sogleich in sie zu verlieben, selbst wenn man sie, wie ich, nie gesehen hatte. Eine lebensfrohe, intelligente junge Frau, die gerade ihr Studium abgeschlossen hatte. Nie habe sie ihm Kummer bereitet. Sie sei bescheiden, offenherzig, feinfühlig und verständnisvoll gewesen. Nie schlecht gelaunt, immer habe ein Lächeln ihr schönes Gesicht geziert, stets habe sie ein offenes Ohr für Freunde und Familie gehabt. Kein böses Wort kam über ihre Lippen. Seit ihrer Geburt habe sie ihm nur Freude gemacht. Als sie geahnt habe, dass sie bald sterben werde, sei sie stark und tapfer geblieben und habe die tröstlichsten Worte für ihre Eltern, Geschwister und Freunde gefunden. Diese seien trauriger gewesen als sie selbst.

Das sei nun alles schon zweieinhalb Jahre her, aber seine

Trauer sei noch so stark wie am Tag ihres Todes. Das Leben habe keinen Sinn mehr für ihn. Alle Freude sei ihm genommen worden. Er habe schon daran gedacht, sich das Leben zu nehmen. Nur die Rücksicht auf die Familie habe ihn davon abgehalten. Er sei sehr verzweifelt und wisse nicht, wie es weitergehen solle. Er halte es nicht mehr aus.

D: Ahnte Ihre Tochter, wie sehr Sie leiden werden?

K: Ja, sie war weiter als ich. Sie wusste, dass es sehr schwer für mich werden wird, über ihren Verlust hinwegzukommen. Deshalb sprach sie in ihren letzten Wochen sehr viel mit mir. Wir liebten uns sehr. Sie versuchte alles, um es mir so leicht wie möglich zu machen. Solange sie noch da war, ging es auch. Nach ihrem Tod aber fiel ich in ein tiefes, schwarzes Loch, in das bis heute kaum ein Lichtstrahl eingedrungen ist.

D: Es war bestimmt der größte Wunsch Ihrer Tochter, dass Sie weiterleben und nach der Trauer wieder lernen, Freude am Leben zu haben. Wollen Sie ihr diesen Wunsch nicht erfüllen?

K: Wollen schon, aber es geht nicht. In der Tat ermahnte sie mich oft, nach ihrem Tod nicht den Mut zum Weiterleben zu verlieren. Sie erwarte, sagte sie, dass ich ihr einst von vielen glücklichen Stunden berichten werde, die ich auch nach ihrem Tod noch erlebt habe, wenn wir uns im Jenseits wiedersehen würden. (Es entstand eine Pause. Ich glaube, hier kamen ihm Tränen.) Aber meine Seele bleibt trüb und düster. Nur dunkle Wolken, so weit ich blicke. Die Sonne sucht vergebens, durch die düsteren Wolken zu scheinen. Was mir bleibt, ist, ihren Tod zu beweinen.

D: Aber warum sind Sie so undankbar?

K: Undankbar? Gibt es ein schwereres Schicksal, als dass Eltern ihre Kinder zu Grabe tragen?

D: Ja, gar kein Kind zu haben, wenn man sich eines wünscht. Das Schicksal hat Ihnen die geliebte Tochter genommen. Ich gebe Ihnen recht, dass dies einer der schwersten Schläge ist, die uns treffen können. Aber über all der Trauer dürfen Sie nicht vergessen, dass es dasselbe Schicksal war, das Ihnen 24 glückliche Jahre des Zusammenlebens vergönnt hat mit einer Tochter, die nach Ihrer Beschreibung ein wahrer Engel war. Das ist ein sehr großes Geschenk. Sind 24 Jahre nicht fast 9000 Tage, dauerte nicht jeder Tag 24 Stunden? Denken Sie an all die erfüllten, glücklichen Momente, die Sie gemeinsam verbrachten. Denken Sie daran mit Freude, nicht mit Trauer. Denken Sie an das große Glück, 24 Jahre an der Seite eines solch wunderbaren Menschen gelebt zu haben. Wer kann das von sich sagen? Nutzen Sie die Freude der Erinnerung.

Alles endet irgendwann. Fragen Sie doch einmal Ihre Freunde und Bekannten, ob es da jemanden gibt, der noch keinen Verlust zu verschmerzen hatte. Gehört das nicht zum Leben? Ist das nicht der Preis, den wir alle zu zahlen haben, um überhaupt Glück erleben zu können? Ist das nicht die Kehrseite der Medaille, die notwendige Voraussetzung für Glücksempfindungen? Man sagt, dass die Götter die Menschen beneiden eben um dieser allgegenwärtigen Vergänglichkeit willen, denn ohne sie wird alles fade und freudlos. Nur weil Dinge und Menschen kommen und gehen und wir dies nicht in der Hand haben, nur wegen der Zufälligkeit und Unverfügbarkeit solcher Ereignisse, nur wegen der Einmaligkeit und Zerbrechlichkeit des Augenblicks bereiten sie uns ein Gefühl von Glück. Schöpfen Sie aus dieser Einsicht die Kraft loszulassen.

Wo kein Gehen, auch kein Kommen, wo kein Verlieren, auch kein Gewinnen. Wieso wollen Sie die Zeche prellen? Nichts anderes tun Sie, wenn die Trauer für das Verlorene die Dankbarkeit für das Geschenkte überwiegt, wenn die Trauerarbeit nicht irgendwann endet. Ich weiß, dass es sehr schwer ist, die Seele mit solchen Gedanken von der Trauer zu befreien, und dass es seine Zeit braucht, um über einen schweren Verlust hinwegzukommen. Aber das Leben wurde uns gegeben, damit wir uns an ihm erfreuen. Das ist unser aller Pflicht und Schuldigkeit. Ihrer Tochter wurden nur 24 Jahre geschenkt. Aber was bedeutet schon die Zeit? Wie es beim Essen nicht darauf ankommt, möglichst viel, sondern möglichst gut zu essen, so kommt es auch beim Leben nicht darauf an, möglichst lange zu leben, sondern möglichst gut. Wenn Sie Ihre Tochter dort, wo sie jetzt ist, sehen könnten, sie wäre unglücklich darüber, dass Sie die Zeit nicht genießen, die ihr selbst durch ihren frühen Tod vorenthalten wurde.

K: Die Worte höre ich wohl, aber im Innern bleibt es dunkel.

D: Weil Sie die Trauerarbeit verweigern. Sie müssen an sich arbeiten, den Fokus Ihres Denkens, Sinnens und Vorstellens Schritt für Schritt weg von der Trauer über den Verlust hin zur Wiederaufnahme des Lebens führen. Sie dürfen sich nicht in Selbstmitleid oder in die Vorstellung des Verlustes hineinsteigern und darin verharren. Sie müssen solche Gedankenschleifen zu durchbrechen lernen und immer wieder durchbrechen. Suchen Sie sich Beschäftigungen und Aufgaben, die Sie fordern und Ihre volle Konzentration beanspruchen. Nehmen Sie sich Zeit zum Trauern, aber auch Zeit, selbst wieder zu leben und zu genießen.

Stellen Sie sich vor, was Ihre Tochter von Ihnen jetzt erwartet. Erfüllen Sie ihr den letzten Wunsch und beginnen Sie wieder zu leben. Tun Sie es für sie und für die Menschen um Sie herum. Sie haben Ihre Tochter geliebt, verweigern Sie ihr nicht diesen letzten Liebesdienst. Denken Sie immer wieder an das große Geschenk des 24-jährigen Zusammenlebens und lernen Sie loszulassen. Alles hat seine Zeit, alles hat Anfang und Ende.

Der Tod gehört zum Leben. Keiner entgeht ihm. Alle, die jetzt leben, die sieben oder acht Milliarden Menschen, werden in 150 Jahren nicht mehr sein. Die einen gehen früher, die anderen später – gehen werden wir alle. Und wer weiß schon, wohin? Unsere Vernunft und unser Wissen reichen nicht aus, zu erkennen, was dem Tod folgt. Ist es dann nicht vermessen, übermäßig zu trauern? Steckt darin nicht unausgesprochen die Überzeugung, der Tod sei ein Übel? Aber woher wissen wir das? Vielleicht ist er das Tor zum Paradies? Viele Menschen gehen davon aus, dass nach dem Tod nichts mehr kommt. Aber das kann keiner wissen. Noch ist niemand zurückgekommen. Viele, die dem Tod sehr nahe waren, bei denen die Herz- und Gehirntätigkeit bereits ausgesetzt hatte, die dann aber wieder ins Leben zurückgekehrt sind, beschreiben das, was sie erfahren haben, als so wunderbar, dass manche bedauern, wieder ins Leben zurückgeworfen worden zu sein.

Denken Sie schließlich daran, dass niemand tot ist, solange er noch im Herzen eines Menschen lebt. Ihre Tochter ist bei Ihnen, in Ihrer Seele, in Ihren Gedanken, in Ihrer Erinnerung. Erfreuen Sie sich daran und an dem, was war. Vielleicht werden Sie einst wieder zusammen sein, niemand weiß es. Niemand weiß, ob nicht etwas von ihr fortlebt in einer Dimension, die unserem Bewusstsein und unserer Vernunft verschlossen ist. Vielleicht ist es dort viel schöner als hier.

Wenn es das unausweichliche Schicksal alles Lebendigen ist, zu sterben und wieder zum Ursprung zurückzukehren, dann sollten wir die Kraft aufbringen, es anzunehmen und zu tragen, froh darüber, ein Leben geschenkt bekommen zu haben, froh darüber, dass wir unseren Weg nicht allein gehen mussten, dass uns liebe Menschen ein Stück des Weges begleitet haben. Üben wir uns in Demut, Dankbarkeit und Bescheidenheit, freuen wir uns über das, was wir bekommen haben, und trauern wir nicht übermäßig dem nach, was uns wieder genommen wurde. Es ist alles nur geliehen. Akzeptieren wir, was stärker ist, und erkennen wir an, dass die Natur das Leben nur einrichten konnte um den Preis des Todes und Vergehens. Wer dieses Leben wählt, wählt das Werden und Vergehen.

K: Viele Worte, so viele Worte!

D: Die Worte stehen für Gedanken, die Sie immer und immer wieder einüben sollten, um die Trauerarbeit abzuschließen und wieder mit dem Leben zu beginnen.

Schließen Sie Frieden mit sich und dem Tod Ihrer Tochter. Sagen Sie Ja zu dem, was natürlicherweise geschieht. Fragen Sie nicht »Wieso?« oder »Warum gerade sie?«. Als in Indien eine Mutter ihre geliebte Tochter verlor, lief sie jammernd durch die Straßen und rief immer wieder ihren Namen: »Jaina, Jaina … wer bringt mir meine Jaina zurück?« Sie kam zu dem Platz, wo die Inder seit jeher ihre Toten verbrannten. Sie fragte den Aufseher, ob er ihr nicht ihre Jaina wiederbringen könnte. »Welche Jaina meinen Sie?«, fragte der Aufseher. »Hier wurden 24 000 Mädchen verbrannt, die alle Jaina hießen.«

Es war eine schwierige Aufgabe für Diotima, diesen Menschen aus seiner Trauer herauszuführen. Ich weiß nicht, ob es ihr wirklich gelungen ist. Diotima sagte einmal, dass der Schwerpunkt ihrer Philosophie auf der Vorbeugung liege, auf dem Einüben einer Lebensweise, die einen davor bewahrt, sich in leidvollen Emotionen zu verlieren und nicht wieder in die eigene Mitte zu kommen. Demgegenüber sei es erheblich schwieriger, jemanden, der unvorbereitet einen schweren Schicksalsschlag erleidet, wieder zu sich selbst zu bringen. Es sei wie in der Medizin: Die Vorbeugung und Vermeidung von Krankheiten durch eine gesunde und achtsame Lebensweise sei leichter als die Heilung eines Erkrankten. Leider stehe bei uns die Akutmedizin im Vordergrund, nicht die Prophylaxe, die Vermeidung von Krankheiten. Im Seelischen sei es ebenso. Viel Leid könne vermieden werden, wenn wir zuvor die richtigen Haltungen zum Leben mit all seinen Aspekten und Herausforderungen gelernt und verinnerlicht hätten. Wenn wir uns wirklich bewusst machen würden, dass wir im Unversicherbaren leben, dass die, die wir erzeugen, Sterbliche seien, dann würden wir es tragen können, wenn sich bei einem Nahestehenden das Schicksal vorzeitig erfülle oder wir gezwungen seien, das eigene Kind zu Grabe zu tragen. Wir würden trauern, und das werde seine Zeit brauchen – aber man werde wieder in seine Mitte kommen und eines Tages auch wieder die Freude am Leben zurückgewinnen.

Er kam häufig und schien sich im Laufe der Zeit zu stabilisieren. Er sprach viel, Diotima ließ ihn reden. Das Reden schien ihm gutzutun. Es gebe immer wieder Zeiten, in denen die Trauer ihn nicht losließe und ihm all die guten Gedanken, die er von Diotima gelernt habe, nicht weiterhelfen würden. Aber diese Zeiten würden weniger, und manchmal habe er das Gefühl, zum Leben zurückzufinden. Er habe einige Dinge angefangen, die er schon immer machen wollte. Das verschaffe ihm einige Ablenkung, bringe ihn auf andere Gedanken, ja rufe manchmal sogar so etwas wie Begeisterung hervor und lasse kleine Inseln der Freude aufkommen. Auch habe es ihm geholfen, weniger an die Tochter zu denken und dafür mehr an seine Mitmenschen, die Familie und die Freunde. Er habe sich zur Gewohnheit gemacht, für andere da zu sein und sich selbst zurückzustellen. Das tue ihm gut. Was ihm vielleicht am meisten helfe, sei, dass er regelmäßig mit anderen spreche, die ebenfalls einen geliebten Menschen verloren haben und versuchten, darüber hinwegzukommen. Er leiste jetzt regelmäßig Sterbehilfe in einem Hospiz. Auch das gebe ihm viel. Manchmal versuche er, den Menschen mit Worten und Erklärungen das Sterben zu erleichtern. Dann komme es ihm vor, als rede er mehr zu sich selbst als zu dem anderen Menschen. Irgendwann hörten seine Besuche auf. Ob er die Trauer überwunden hat, weiß ich nicht. Manche Menschen schaffen es nie. Ihm aber traute ich es durchaus zu.

Ich füge noch einige Aussprüche an, die ich mir aus den weiteren Sitzungen als bemerkenswert aufgeschrieben habe. Es waren wie immer Zitate aus alten philosophischen Texten:

»Bei Trauer bringe man sein ganzes Leid zum Ausdruck, aber man übertreibe nicht.«
Konfuzius[2]

»Der sich im Unglück fasst, erfreut sich im Diesseits der Ruhe und im Jenseits des Lohnes.«
alte Weisheit[3]

»Trauer ist eine Chance zur Veränderung.«
nach Konfuzius[4]

»Was immer euch bei Tag oder Nacht begegnet,
ist euer Leben.«
Dogen[5]

»Jeden bedrohen des Lebens Kreislauf,
die Launen des Glückes.«
Phokylides[6]

»Richte den Geist in Trauerfällen
auf die Lichtseiten!«
nach Plutarch[7]

Wie gehe ich mit einer Trennung um?

»Hat er auch prächtige Gebäude,
gelassen bewohnt er sie,
gelassen verlässt er sie.«
Laotse[1]

Sie verzehre sich immer noch vor Eifersucht, obwohl es nun schon mehr als ein Jahr her sei, dass ihr Mann sie verlassen habe. Es sei »natürlich« wegen einer anderen gewesen. Er habe sie bei der Arbeit kennengelernt. Von heute auf morgen sei er ausgezogen. Es sei zu Ende, habe er gesagt. Es habe nichts mit der anderen zu tun (das sagen sie alle). Sie sei nur der letzte Auslöser gewesen, die Gründe seien andere. Schon lange fülle ihn die Beziehung nicht mehr aus. All ihre Gespräche, Wiederannäherungsversuche und Paartherapien hätten nichts gebracht. Man habe sich auseinandergelebt. Es funktioniere nicht mehr. Das komme vor.

Sie sei so perplex gewesen, dass sie im ersten Moment gar nicht verstanden habe, wovon er rede. Sie habe die Beziehung ganz anders erlebt. Gewiss habe es Konflikte gegeben, aber in welcher Beziehung sei das nicht der Fall. Sie hätten gemeinsam so viele gute Zeiten gehabt. Zwanzig gemeinsame Jahre gebe man doch nicht so einfach auf. Sie hätten zwei Kinder, 14 und 17 Jahre alt, an die denke er scheinbar gar nicht. Die 17-jährige Tochter habe die Trennung gut weggesteckt, aber der 14-jährige Sohn leide noch heute sehr darunter. Er kümmere sich um die Kinder, habe er gesagt. Aber es sei doch ganz etwas anderes, ob man unter einem Dach lebe oder getrennt. Rücksichtslos finde sie es, dass er gemeinsam mit der »Neuen« und den Kindern in den Urlaub fahre. Diese Vorstellung bringe sie schier zur Weißglut. Die Kinder kämen ganz durcheinander. Sie habe schon daran gedacht, ihm solche Reisen gerichtlich verbieten oder sein Umgangsrecht einschränken zu lassen. Aber ihr Anwalt habe davon abgeraten, denn es bestünden nur geringe Erfolgsaussichten für solche Klagen.

D: Sind Sie denn schon geschieden?

K: Nein. Es gibt noch einige offene Fragen bei der finanziellen Auseinandersetzung. Wenn er mich schon verlässt, so soll es teuer für ihn werden. Er soll spüren, welche Konsequenzen sein Verhalten hat.

D: Haben Sie noch Hoffnung, dass er zurückkommt?

K: Immer weniger, aber man weiß ja nie. Wenn die Verliebtheit einmal verflogen ist, sieht man den neuen Partner mit anderen Augen. Vielleicht wird ihm dann auch bewusst, was er an mir hatte.

D: Meinen Sie, dass Sie ihn mit Ihrer Einstellung, so wie Sie sie gerade geschildert haben, einladen, wieder zurückzukehren?

K: Jedenfalls ist die Tür offen.

D: Reicht das? Ich habe den Eindruck, die Trennung hat Sie tief verletzt und verbittert. Dass er eine andere vorgezogen hat, hat Sie gekränkt. Das ist verständlich. Ich habe den Eindruck, dass Sie ihn diese Verletzung stets spüren lassen, wenn Sie sich begegnen oder miteinander kommunizieren, indem Sie ihm offen oder unausgesprochen Vorwürfe machen und mit Schuldzuweisungen konfrontieren.

K: Ich denke, mit Recht.

D: Das kann ich nicht beurteilen, wohl aber, dass dies keine Einladung ist, zurückzukehren. Aber kommen wir zum Kern des Problems: Ihre Eifersucht und alle damit verbundenen Leiden und Missstimmungen. Zunächst einmal gilt es festzuhalten, dass es immer Gründe gibt, wenn jemand einen verlässt.

K: Ja, die andere. Sie hat ihm den Kopf verdreht. Sie ist jünger, und vielleicht meinte er, nach zwanzig Jahren brauche er eine Abwechslung. Honeymoon ist süßer als Ehealltag. Aber irgendwann steht man auch in der neuen Beziehung wieder vor den gleichen Problemen.

D: Man kann jemanden, der in einer festen Beziehung lebt, nur dann den Kopf verdrehen, wenn ihm etwas in der Beziehung fehlt, wenn etwas Wesentliches unerfüllt, eine Sehnsucht unbefriedigt bleibt. Können Sie sich vorstellen, was Ihr Mann vermisst hat oder was ihm gefehlt hat?

K: Nein, keine Idee. Er hat hier alles gehabt, zwei gesunde Kinder, eine fürsorgliche Frau, eine lange gemeinsame Vergangenheit mit vielen schönen Erlebnissen. Das gibt man doch nicht einfach so auf wegen einer anderen?

D: Offenbar doch, und das hat Gründe wie alles. Da muss etwas Tieferes aus dem Ruder gelaufen sein. Wenn Sie sich nicht vorstellen können, was das sein könnte, dann deutet das darauf hin, dass Sie Ihren Mann irgendwo nicht mehr wahrgenommen und verstanden haben. Ohne gegenseitiges Verstehen hält keine Beziehung lange. Von Schuldzuweisungen und Vorhaltungen bei einer Trennung von Lebenspartnern halte ich wenig. Wir sollten uns fragen, was dem anderen fehlte und was der eigene Anteil daran ist, dass er sein Glück nicht mehr in der Ehe fand.

Die wichtigste Herausforderung und Aufgabe im Leben eines Menschen ist es, glücklich und erfüllt zu leben und sich damit würdig zu erweisen für das einmalige Geschenk des Lebens selbst. Jede Trennung folgt diesem Drang. Und wenn ein Partner das nicht wahrhaben will und glaubt, bis zur Trennung eine glückliche Beziehung geführt zu haben, so hat er etwas übersehen. Oder er hat es verdrängt und die Augen verschlossen vor dem, was er nicht sehen oder wahrhaben wollte. Ein solcher Mensch ist nur scheinbar glücklich, in Wirklichkeit aber lebt er in einer Unwahrheit und inmitten eines inneren Konflikts, der ihm noch nicht bewusst geworden ist, aber bereits in ihm schwelt und nagt. Schon das ist eine Art krankhafter Zustand, die Krankheit ist aber noch nicht zum Ausbruch gekommen, vergleichbar einer Inkubationszeit, in der noch keine Symptome erkennbar sind. Erst bei der Trennung bricht der ganze Konflikt hervor. Gleichzeitig aber beginnen wir, uns mit dem lange verdrängten Problem ernsthaft auseinanderzusetzen. Unterschwellige Spannungen, die lange nicht wahrgenommen wurden, kommen ans Licht und zwingen uns, mit ihnen umzugehen, bestenfalls damit zu beginnen, sie abzubauen und irgendwie einer Lösung zuzuführen.

Von daher ist jede Trennung auch eine Chance, ja langfristig gesehen ein Glück für beide, denn mit dem Ausbruch der Krankheit beginnt ein Prozess der Heilung, auch wenn das häufig nicht so wahrgenommen wird. Das Problem dabei ist, dass der Blick des Verlassenen häufig verdunkelt und mit starken negativen Gefühlen belastet ist und er nicht erkennt, dass die Beziehung nicht mehr nährend war.

K: Und warum erkennt er es nicht?

D: Das kann verschiedene Gründe haben. In der Regel sind es Verlustängste, mangelnde Distanz, Sicherheitsbedürfnis, starke Anhaftung und ein fehlendes Bewusstsein dafür, dass alles im Leben der Vergänglichkeit unterliegt, dass wir kein Recht darauf haben, dass alles immer so bleibt, wie es ist, dass eingegangene Beziehungen keineswegs immer ewig währen und dass dies eher die Ausnahme ist.

K: Könnten Sie mir das bitte näher erläutern?

D: Das bei der Eheschließung im festen Glauben gemachte Versprechen ewiger Liebe steht im Widerspruch zum Wesen alles Lebendigen. Leben ist kontinuierlicher Wandel und Veränderung. Es ist etwas sehr Schönes, wenn eine Beziehung ein Leben lang hält und bis zum Schluss von gegenseitiger Liebe getragen wird. Wir sehnen uns danach. Die gelingende Beziehung ist ein wesentlicher Teil eines gelingenden Lebens. Aber es ist die Ausnahme, wenn eine Beziehung über Jahrzehnte oder das ganze Leben lang fortbesteht, sogar eine seltene Ausnahme. Die Regel ist, dass sich die Gefühle der Menschen im Laufe der Zeit ändern und dass es unter Lebenspartnern nicht selten zu Entfremdungen und dem Verlust von Verständnis, gegenseitiger Anregung, von Reiz und produktiver, belebender Spannung kommt. Die Konstellation von Harmonie, gegenseitiger Anziehung und nährender Polarität ist sehr sensibel und zerbrechlich. Es geschieht nicht oft, dass diese produktive Spannung über Jahrzehnte aufrechterhalten werden kann. Bei einem Indianerstamm in Nordamerika war es Brauch, den Lebenspartner alle drei Jahre zu wechseln. Dem lag die Erfahrung zugrunde, die ich gerade zu beschreiben versucht habe.

Wir können nicht davon ausgehen, dass eine Beziehung Jahrzehnte hält. Wenn wir das wirklich begriffen haben, sollten wir von Anbeginn einer Beziehung an innerlich darauf gefasst sein und uns darauf vorbereiten, dass sie möglicherweise ein vorzeitiges und unerwünschtes Ende nehmen kann und dass dies sogar wahrscheinlicher ist als umgekehrt. Wir sollten nicht ständig an das Ende denken, sondern zuversichtlich sein und hoffen, dass sie lange währt. Wir sollten es auch nicht an Hingabe und Fürsorge für den anderen fehlen lassen. Im Gegenteil: Im Bewusstsein, dass auch Beziehungen dem Wandel und der Vergänglichkeit unterliegen, sollten wir das Zusammensein jeden Tag neu genießen, uns daran erfreuen und alles dafür tun, dass es so bleibt. Aber gleichzeitig sollte uns bewusst sein, dass dies keine Selbstverständlichkeit ist, dass es nicht einmal der Normalfall ist und wir keinen Anspruch darauf haben, dass alles so bleibt, wie es ist.

Eine Haltung des Selbstverständlichen ist hier auch nicht wünschenswert, denn jede gelingende Beziehung sollte bewegt und lebendig bleiben. Das Gegenteil ist Starrheit und Leblosigkeit. Tatsächlich gibt es viel ungelebtes Leben in verkrusteten Beziehungen, die nur aufrechterhalten werden, weil der Mut fehlt, sich zu trennen, sich zum Leben, das heißt zum Werden und Vergehen zu bekennen und die daraus folgenden Schlüsse zu ziehen und umzusetzen. Viele haben Angst vor dem Alleinsein und der Aufgabe des Gewohnten. Das Beharren ist eine natürliche Tendenz, denn wir haben ein tiefes Bedürfnis nach Sicherheit und Geborgenheit, halten gerne am Gewohnten und Bekannten fest, haften an dem, was ist, entwickeln Ängste vor Veränderung und Alleinsein. Aber das alles hindert uns daran, uns bereitwillig und neugierig ins Offene des Lebens zu begeben, ins Unverfügbare, dort, wo wir berühren und berührt werden, wo wir neue Erfahrungen machen, wo wir uns dem Unbekannten und Überraschenden aussetzen, wo wir lernen, wachsen, uns verändern. Leben ist die Bereitschaft, solche Veränderungen einschließlich der eigenen Veränderung zuzulassen. Das Gegenteil ist Erstarrung, Verdinglichung, Zugeschnürtsein. Wir sehnen uns nach Sicherheit in unseren Lebensbezügen. Aber wir leben im Unversicherbaren. Das wollen viele nicht wahrhaben.

K: Ich kann die Argumentation rational nachvollziehen, aber meine Gefühle bleiben unverändert dieselben.

D: Die Gefühle gehören zum irrationalen Teil unserer Seele, das heißt, sie philosophieren nicht und verstehen keine Argumente, Zusammenhänge und Schlussfolgerungen, aus denen unser Denken seine Einsichten schöpft.

K: Eben. Sind dann die vielen Überlegungen nicht unnütz?

D: Halt, nicht so schnell. Dass unsere Gefühle und irrationalen Seelenelemente keine Argumente verstehen, heißt nicht, dass wir sie nicht verändern und steuern können. Dass dazu freilich die bloße Einsicht nicht ausreicht, zeigt der Umstand, dass wir häufig wissen, was gut für uns ist, und es dennoch nicht tun. Genauso wahr ist es aber, dass wir alle ständig mit unserem Denken unsere Gefühle beeinflussen und steuern. Jede Beschwerlichkeit, die wir auf uns nehmen, um ein begehrtes Ziel zu erreichen oder einen bestimmten Effekt hervorzurufen, ist eine Überwindung von Gefühlen, die uns davon abhalten wollen. Jedes Lernen, Voranschreiten, Angewöhnen, Umgewöhnen, Anpassen geht einher mit einer Veränderung unserer Gefühle oder hat einen Effekt auf dieselben und führt zu einer kleinen Verwandlung. Gehe ich beispielsweise an eine größere Arbeit mit dem Gedanken: »Oje, jetzt auch das noch!«, werde ich andere Gefühle haben, als wenn ich denke: »So, jetzt zeige mal, was du kannst!«

Alle Erziehung zielt darauf ab, dass das Kind Neigungen und positive Gefühle entwickelt zu dem, was ihm dauerhaft guttut, und Abneigungen für das Gegenteil. Um diese Wechselwirkung zwischen unserem Denken, unseren Werten und unseren Einstellungen einerseits und unseren Gefühlen andererseits geht es auch bei der Selbsterziehung oder Selbstkultivierung, wenn wir unsere Persönlichkeit weiterentwickeln und wenn wir negative Gefühle überwinden wollen. Konkret: Sie können an sich arbeiten und Ihre Eifersucht und Ihren Trennungsschmerz überwinden, sich von dem, was war, befreien und Ihren Fokus auf die Zukunft richten oder auf das, was gerade ist und geschieht.

K: Und was muss ich dafür tun?

D: Sie müssen Ihr bisheriges Denken ändern, andere Haltungen einnehmen, zur Lebenspartnerschaft im Allgemeinen und zu Ihrer konkreten Situation im Besonderen. Das Schlagwort von der »Lebensabschnittspartnerschaft« spricht eine Wahrheit und Lebenstatsache aus, deren wir uns bewusst werden sollten, wenn wir eine Beziehung eingehen und führen. Sie müssen versuchen, das, was geschehen ist, von einer anderen Perspektive aus neu zu verstehen und zu bewerten. Sie sollten dabei weniger Ihren Blick auf den anderen richten und bei ihm die »Schuld« suchen. »Schuld« ist ohnehin nicht die richtige Kategorie zur Beurteilung der Handlungen in einer Partnerschaft. Sie sollten den Blick auf sich selbst richten und sich fragen, was Ihr Anteil an dem Ende der Beziehung ist. Das ist das Schwerste. Aber es ist notwendig, damit Sie sich innerlich von Ihrem Mann lösen, damit Sie das immer noch bestehende starke Anhaften und innere Festhalten an der Beziehung beenden, damit Sie lernen loszulassen.

K: Aber ich möchte, dass er zurückkommt.

D: Ob das wirklich gut für Sie, ihn und die Kinder wäre, vermag ich nicht zu beurteilen. Aber das Beste, was Sie tun können, um diese Tür aufzuhalten, ist, dass Sie zuvor loslassen, wieder ganz zu sich kommen, die Wunde schließen, innerlich heil werden, indem Sie Ihr Leben wieder ganz aus sich selbst neu aufbauen, innerlich unabhängig und frei werden, sich selbst genug sind und lernen, ohne Ihren

Mann zu leben. Das macht Sie wieder ganz, »heil«, in sich ruhend, stark und selbstbewusst, frei von negativen Emotionen, insbesondere von Eifersucht, Verletztheit und Missgunst. Erst dann werden Sie wieder beginnen, als Persönlichkeit zu strahlen. Sie bekommen neuen Lebensmut und gewinnen an Attraktivität. Ob das Ihren Mann zurückbringt oder ob Sie einen neuen Lebenspartner gewinnen, wird sich zeigen. Ja selbst wenn keines von beidem passiert, werden Sie mit dieser Situation umgehen können und ein zufriedenes Leben führen. Aber dass jemand lange allein bleibt, der aus seiner geläuterten Mitte lebt, mit sich in Frieden und Einklang ist, dessen innere Harmonie nach außen strahlt, das kommt selten vor. Und wenn er tatsächlich keinen neuen Lebenspartner findet, so aber gewiss Freunde, Lebenskreise und Aufgaben, die ihn erfüllen und glücklich machen. Er findet Genügen in dem, was da ist, was er tut und was er erlebt.

K: Im Moment scheint es mir nicht möglich zu sein, meine negativen Gefühle, meine Eifersucht, meinen Zorn und meine Wut abzulegen. Ich weiß auch nicht, ob ich das überhaupt will. Wie sollte das konkret aussehen, wieder »heil« zu werden?

D: Wer negative Gefühle hat, der lebt nicht glücklich. Sie trotzdem unbewusst zu nähren, mag tiefenpsychologische Gründe haben und kommt nicht selten vor. Aber wer sich nach einem guten, gelingenden Leben sehnt, sollte sich bemühen, diesen inneren Zwiespalt aufzulösen. Er sollte versuchen, aus negativen Gefühlen positive zu machen, die in den negativen Gefühlen steckende Energie umzuwandeln, sie nicht zerstörerisch, sondern produktiv für wertvolle und erfüllende Ziele einzusetzen, für die eigene Weiterentwicklung. Das ist möglich. Aber Sie müssen selbst entscheiden, wie Sie leben wollen. Wenn Sie Ihre inneren

Einstellungen nicht ändern, ändert sich nichts. Ich hatte aber den Eindruck, dass Sie mit Ihrer augenblicklichen Situation nicht zufrieden sind. Wenn das so ist, dann müssen Sie an sich arbeiten.

Sie müssen neue Gedanken und veränderte Perspektiven einüben, über Ihre bisherigen Werte und Vorstellungen zu Beziehungen und über Ihr Verhältnis zu Ihrem Mann nachdenken. Eine Orientierung dafür habe ich Ihnen gegeben. Beziehungen sind wie alles andere vergänglich. Lernen Sie loszulassen, verknüpfen Sie Ihr Glück nicht mit dem Fortbestand der Beziehung und der Rückkehr Ihres Mannes. Glück und Unglück liegen nicht in äußeren Dingen oder Beziehungen, sondern in Ihnen selbst, in innerer Harmonie und Ausgeglichenheit. Machen Sie sich das immer wieder klar, morgens, mittags, abends, so lange, bis sich die inneren Knoten allmählich lösen, die Sie noch an Ihren Mann und die Vergangenheit binden. Versuchen Sie, damit abzuschließen und den Blick nach vorne zu richten. Wenn Sie dann doch einmal zurückschauen, dann tun Sie das am besten in einem Gespräch mit guten Freunden. Bitten Sie die Freunde, ehrlich und ohne falsche Rücksicht die Beziehung im Nachhinein zu verstehen, indem Sie der Frage nachgehen, was nicht mehr gestimmt hat. Wenn Sie die Ursache klar und in ihrer ganzen Bedeutung erkennen und zu der Einsicht gelangen, dass es vielleicht doch das Beste war, dass es nun zu einem Ende gekommen ist, dann erst haben Sie Ihre Beziehung aufgearbeitet. Dann wird sich die Wunde schließen und verheilen. Das Geschehen wird nicht mehr Ihr Leben oder die nächste Partnerschaft trüben, sondern hat Sie reifen lassen und um eine wichtige Erfahrung bereichert, die Sie in die Lage versetzt, eine neue Beziehung besser und erfüllter zu leben.

Schauen Sie sich in Ihrem Bekanntenkreis um. Gibt es

da jemanden, der immer noch glücklich in der ersten Beziehung lebt? Und leben solche Menschen nicht glücklichere Beziehungen, die aus beendeten Beziehungen etwas gelernt haben, das sie befruchtend und bereichernd in die neue Beziehung einbringen können?

Wenn ich von »beendeten« Beziehungen spreche, dann vermeide ich damit bewusst das Wort »gescheitert«. Wenn eine Beziehung endet, so muss sie keineswegs »gescheitert« sein. Nicht selten überwiegen die schönen gemeinsamen Zeiten, nur vergessen wir das über die Schmerzen und Leiden, die mit der Trennung notwendig verbunden sind. Die Beziehung hat sich eben ausgelebt. Nun müssen wir uns neu orientieren. In dem Wort »scheitern« steckt meines Erachtens die falsche Vorstellung, dass Beziehungen ewig währen müssen, um als gelungen zu gelten. Ich habe in meinem Leben fünf intensive und feste Beziehungen gelebt. Ich möchte keine von ihnen missen. Sie haben mir viele schöne, erfüllte Stunden geschenkt, für die ich das Leiden, das mit dem jeweiligen Ende verbunden war, gern in Kauf genommen habe. Ich finde es undankbar, weder gerecht noch angemessen, wegen des Leidens beim Ende einer Beziehung die gemeinsame Zeit schlechtzureden und all das Glück zu vergessen, das wir in ihr erlebt haben. Das kann allenfalls dann ein gewissens Recht haben, wenn ungesunde Beziehungen fortgeführt und aufrechterhalten wurden, obwohl sie schon seit langer Zeit mehr zehrten als nährten.

Vor allem sollten Sie die Trennung nicht auf sich beziehen und das Gefühl von Verletztheit überwinden. Dieses gründet in der natürlichen Selbstliebe, schärfer formuliert: in Eitelkeit, die das Verlassenwerden als eine Herabsetzung und ein Unwerturteil über die eigene Person empfindet. Das wiederum beruht darauf, dass wir unser Selbstwertgefühl von der Wertschätzung anderer abhängig gemacht haben, was meistens unbewusst geschieht. Dagegen sollten wir andenken. Wir sollten unser Selbstwertgefühl aus uns selbst schöpfen und nicht an die Anerkennung anderer knüpfen. Auch das ist eine Form des Anhaftens, die zu Abhängigkeiten und Unselbstständigkeiten führt. Wir haben es nicht in der Hand, ob uns die Anerkennung der anderen tatsächlich zuteilwird. Ein in sich ruhender, unabhängiger und starker Charakter schöpft sein Selbstwertgefühl aus sich selbst. Die Meinung der anderen ist ihm gleichgültig. Bekommt er Anerkennung, so freut er sich. Wird sie ihm verwehrt, so stört ihn das in keiner Weise. Einen starken Charakter kann man nicht verletzen.

Gehen Sie nicht davon aus, dass sich die genannten Veränderungen im Denken, Wollen und Handeln schnell vollziehen. Sie müssen über einen längeren Zeitraum eingeübt werden. Es kann dauern, bis sich Ihr Lebensgefühl nachhaltig ändern wird. Was lange gelebt wurde, braucht Zeit, um abgelegt zu werden. Unser Gehirn speichert Denk-, Bewertungs- und Verhaltensmuster, und vieles von dem bleibt in uns und kann nicht gelöscht werden. Eine Veränderung ist hier nur zu erreichen, indem wir das Muster quasi »überschreiben«. Das geschieht durch die Bildung neuer Zellen oder die Verknüpfung neuer synaptischer Verbindungen im Gehirn. Das ist ein längerer Prozess. Wer hier keine Beharrlichkeit und Konsequenz im Einüben an den Tag legt, fällt immer wieder zurück »in den alten Adam«. Dass Sie sich gedulden müssen, bis sich Veränderungen nachhaltig durchsetzen, sollte Sie nicht abschrecken. Je eher Sie damit beginnen, umso schneller werden sich erste Veränderungen zeigen.

K: Gut, ich werde es versuchen.

Und sie versuchte es. Tatsächlich war es offenbar eine größere Baustelle, denn sie kam noch über ein Jahr lang regelmäßig zu Diotima. Nach dem, was ich mitbekam, war es ein harter Kampf, sich aus den alten Gewohnheiten herauszuarbeiten, Denkschleifen zu durchbrechen und neue Perspektiven zu gewinnen. Aber allmählich schien sie Fortschritte zu machen. Ob sie ein starker unabhängiger Charakter wurde, wie ihn Diotima als Ideal beschrieben hatte, vermag ich nicht zu beurteilen. Aber am Ende schaffte sie es, ihre Ehe samt Mann loszulassen. Danach ging es mit der Scheidung ganz schnell. Das juristische Schlachtfeld, das bisher dazu diente, die Beziehung zu ihrem Mann mit anderen Mitteln fortzusetzen, brauchte sie nicht mehr. So kam es nun zügig zu Einigungen über Fragen, über die sie jahrelang gestritten hatten, weil sie noch an der Beziehung hing und nicht loslassen konnte.

Sie konzentrierte sich jetzt mehr auf ihre Kinder, wollte ihnen zeigen, dass sie die Kraft hat, sich erhobenen Hauptes von der Ehe zu verabschieden, und dass man jeden Verlust, jede Traurigkeit überwinden könne. Diotima hatte ihr geraten, sich zu bemühen, den Kindern ein gutes Beispiel vorzuleben. Sie solle viel mit ihnen sprechen, sie an ihrem Leiden und an ihrem Überwindungskampf teilhaben lassen. Sie sagte, das hätte ihre Beziehung zu ihren Kindern verändert, vertieft und bereichert. Sie seien enger zusammengerückt. Froh waren die Kinder darüber, dass sie aufhörte, schlecht über den Vater zu reden. Das sei früher sehr belastend für sie und für das Verhältnis zur Mutter gewesen.

Schließlich fand sie einen neuen Lebenspartner. Seitdem kam sie nicht mehr. Dafür kamen nette Postkarten aus der ganzen Welt. Sie schien ihre neue Freiheit und Lebenssituation zu genießen. Eine Karte aus Italien enthielt nur vier

Worte. Auch wenn ich mich stets bemühte, persönliche Post an Diotima nicht zu lesen, konnte ich die sehr groß geschriebenen Worte nicht übersehen. Sie sprangen mich förmlich an: »LA VITA È BELLA«.

Folgende Aussprüche Diotimas aus den späteren Sitzungen habe ich mir notiert:

»Lieben und vernünftig sein
ist kaum einem Gotte möglich.«
Weisheiten der Völker[2]

»Der Weise übt die Bindungslosigkeit.«
nach Shankara[3]

»Nicht-verhaftet ruht das Herz in sich
und stimmt überein mit den Dingen.«
nach Kamada Ryuko[4]

»Innere Unabhängigkeit gewinnt,
wer sich von äußerem Glück und Unglück
freigemacht hat.«
nach Zhuangzi[5]

»Lerne, von allen Bindungen und Trübungen des Herzens
frei zu werden und so rein zu werden wie ein Kind.«
Kenran Umeji[6]

»Gerade die Unbeständigkeit in der Welt ist es,
die sie lebenswert macht.«
Weisheit Japans[7]

»Ist nicht alles, was existiert,
dem Vergehen unterworfen?«
nach Buddha[8]

»Klagt nicht, Wildgänse!
Überall ist's die gleiche vergängliche Welt.«
Issa[9]

»Bedenke, dass die menschlichen Verhältnisse
insgesamt unbeständig sind.«
Isokrates[10]

»Es ist durchaus möglich,
ein widriges Schicksal umzudrehen.«
Diogenes von Sinope[11]

Wie gehe ich mit einer schweren Krankheit um?

»Den weisen Menschen macht selbst die Krankheit stark.«
Altes Ägypten[1]

Er war Ende fünfzig, mittelgroß, extrem schlank, schütteres Haar, strenge Gesichtszüge mit erheblichen Falten und Furchen. Er sprach ruhig und sehr bestimmt. Er blicke auf ein außerordentlich erfolgreiches Leben zurück, habe drei gesunde Kinder, die sich gut entwickelt hätten und interessanten Berufen nachgingen. Er habe eine liebevolle Frau an seiner Seite und sei Partner in einem erfolgreichen Architekturbüro. Als er vor zweieinhalb Jahren schwer erkrankt sei, habe ihn das nicht überrascht. Das klinge befremdlich, aber er habe gewusst, dass auch er in diesem Leben nicht unbeschadet davonkomme. Immer habe er in seinem Leben Glück gehabt. Vieles davon habe er sich durch Fleiß hart erarbeitet, häufig in einem existenziellen Kampf mit hinderlichen Prägungen aus dem Elternhaus, unter denen er sehr gelitten habe. Aber eigentlich hätten sich all seine Wünsche, die er als Kind und Jugendlicher gehabt habe, am Ende mehr als erfüllt: eine gute Beziehung, ein guter Job, reizende Kinder, er sei viel gereist in der Welt, finde Zeit für seine Hobbys, schwere Schicksalsschläge seien ihm weitgehend erspart geblieben, er lebe in einem Land und zu einer Zeit, die jedenfalls von den Rahmenbedingungen her gesehen ein angenehmes Leben und Selbstverwirklichung ermöglichten.

Aber dann sei die Krankheit gekommen. Auch wenn er damit gerechnet habe, dass es ihn eines Tages in irgendeiner Form »erwischen« werde (»es könne unmöglich alles immer glatt verlaufen«), habe es sein Leben doch völlig auf den Kopf gestellt.

Zwei Fässer stünden neben dem Thron des Zeus, warf Diotima ein, das eine enthalte die Freuden, das andere die Leiden der Menschheit. Über jeden schütte der Gott aus beiden Fässern und wehe dem, der nur aus einem seinen Anteil empfange.

Es sei gar nicht die Krankheit gewesen, die zu diesem vollkommenen Wandel in seinem Leben geführt habe, sondern eine medizinische Fehldiagnose.

Die erste Diagnose sei äußerst deprimierend gewesen. Sie habe eine große Operation erforderlich gemacht, bei der einige Organe teilweise oder ganz haben entfernt werden müssen, wenn er eine Chance auf weitere Lebensjahre haben wolle. »Sie werden nach der Operation nicht mehr derselbe sein«, habe der Chirurg gesagt und damit recht behalten.

Die Operation sei gut verlaufen, doch habe sich bei der Nachuntersuchung herausgestellt, dass die ursprüngliche Diagnose falsch gewesen sei. Die Ärzte hätten angedeutet, dass man wohl auch mit einer richtigen Diagnose an dieser Operation nicht vorbeigekommen wäre. Aber sehr überzeugend habe sich das nicht angehört, und er sei eigentlich sicher, dass dies nicht zutreffe. Er sei maximal medizinisch geschädigt, sagte ihm später ein anderer Arzt und habe verständnislos mit dem Kopf geschüttelt. Mit den Ärzten streiten wolle er aber nicht. Er nehme es als sein Schicksal, dem er sich nun stellen müsse, als eine Art Rechnung, die er bezahlen müsse für das lange glückliche und unbeschwerte Leben, das er bis dahin geführt habe. Die Konsequenzen aber seien sehr hart, und er finde keinen Zugang mehr zu dem Leben, das er vorher geführt hätte. Er sehne sich aber sehr danach zurück.

D: Haben Sie immer noch körperliche Symptome, die auf die Operation zurückgehen?

K: Ja, zahlreiche. Dass es lange dauern werde, hatte man mir schon vor der Operation prognostiziert. Die ersten zwei Jahre waren sehr hart mit heftigen Beschwerden. Zwar hat sich einiges wieder normalisiert, anderes aber immer noch nicht. Ich muss zahlreiche Medikamente nehmen, damit die Organe ihre Funktionen einigermaßen erfüllen und Mängel ausgeglichen werden können.

D: Was sagen die Ärzte zu den weiteren Aussichten?

K: Nichts Genaues. Das meiste soll sich wieder einspielen, sagen sie. Ich werde aber lebenslang Medikamente nehmen müssen. Ich glaube, mit den körperlichen Folgen werde ich schon fertig. Bei den seelischen Folgen aber bin ich mir überhaupt nicht sicher. Ich habe meine innere Ruhe verloren. Vor der Operation ging es mir richtig gut. Ich hatte mich in meiner freien Zeit jahrelang mit praktischer Philosophie beschäftigt und wo ich Mängel sah, meine Persönlichkeit erfolgreich weiterentwickelt. Ich lachte viel, nichts konnte meine gute Laune trüben, meine Grundstimmung war heitere Gelassenheit, ich hatte rundum Freude am Leben. Ich liebte die Menschen. Mit niemandem geriet ich in Streit, für jedes Problem fand ich eine Lösung, kein Fehlschlag konnte mich frustrieren. Kurz: Negative Gefühle gab es so gut wie keine, wenn doch, verschwanden sie schnell wieder. Sicher gab es hier und da auch einmal eine Krisenzeit. Ich konnte damit aber gut umgehen.

D: Und jetzt?

K: Jetzt geben sich die negativen Gefühle die Klinke in die Hand und gehen bei mir ein und aus, »wie Dämonen in einer stinkenden Kneipe«. Ich versuche, dagegen anzukämpfen, aber vergebens. Sie stellen sich spontan ein, platzen aus mir heraus, und ehe ich es bemerke, habe ich jemandem wehgetan, eine Unfreundlichkeit begangen, oder ein böses Wort ist gefallen. Ich will das aber gar nicht! Es tut mir sofort leid, und ich entschuldige mich auch. Aber ich schäme mich, dass es überhaupt dazu kam. Ich bin sehr unduldsam und dünnhäutig geworden, was früher nicht der Fall war. Ich habe meinen inneren Frieden verloren, das Lachen meiner Seele. Echte Glücksmomente habe ich seit der Operation nicht mehr erlebt. Ich wünsche mir so sehr, dass seelisch wieder alles so wird wie früher, dass ich wieder zu meiner ausgeglichenen, guten Gemütslage zurückfinde. Was soll ich tun?

D: Ich weiß es nicht. Ich bin keine Medizinerin. Zwar glaube ich, dass wir mit unserem Denken, mit unseren geistig-mentalen Kräften, ja auch mit unseren spirituellen Kräften, wenn Sie daran glauben, einen großen Einfluss auf unser körperliches Wohlbefinden nehmen können. Aber der Körper übt auch seinerseits eine starke Wirkung auf unsere seelische Befindlichkeit aus. Manche Krankheiten oder Unfälle führen dazu, dass unsere Seelenverfassung aus rein physiologischen Gründen leidet und wir allein deshalb verstärkt negative Emotionen entwickeln, unsere Denk- und Einsichtsfähigkeit durch unsere körperliche Konstitution und fehlende Fitness beeinträchtigt wird und unsere Selbststeuerungskräfte abnehmen. Dann herrschen wir nicht mehr über unser Seelenleben. Es scheint uns zu entgleiten. Wir sind nicht mehr Herr im eigenen Hause. Da ist die Philosophie nicht machtlos, aber ihr Einfluss ist deutlich begrenzter, als wenn wir vollständig gesund wären. Auch weise Menschen und starke, gut entwickelte Persönlichkeiten können nicht verhindern, dass sie erkranken, aber sie sind in der Lage, die Krankheit zu ertragen und auch daraus noch das Beste zu machen. Aber sich den Wirkungen der Krankheit auf das Gemüt vollkommen zu entziehen, gelingt, wenn überhaupt, allenfalls den Besten unter ihnen.

K: Und wie geht das?

D: Zunächst einmal ist es wichtig, die Krankheit anzunehmen, sie nicht zu verleugnen, nicht die Augen vor ihr zu verschließen, sie nicht zu verdrängen. Wir müssen lernen, »Ja« zu dieser Krankheit zu sagen als Teil des eigenen Schicksals, gerade dann, wenn es schwerfällt. Krankheiten gehören zu unserem Leben, sind Zeiten des Leidens, die wir durchschreiten müssen, an denen wir aber auch wachsen und reifen können, gerade weil sie schwierig sind.

Ihnen folgen Zeiten der Freude wie ein Naturgesetz, und man könnte den Eindruck haben, als hingen beide wesensmäßig zusammen und man könne das eine nicht haben, ohne mit dem anderen dafür zu bezahlen.

Viele Krankheiten haben einen langen Vorlauf und wollen uns etwas sagen über unsere bisherige Lebensweise, über unser Denken, Fühlen und Wollen. Nehmen Sie die Krankheit zum Anlass und fragen Sie sich, ob möglicherweise Ihre Art zu leben oder einzelne Aspekte davon der Krankheit Vorschub geleistet haben. Das muss nicht sein, ist aber häufig so. Jede Krankheit ist ein Aufruf zur Selbstreflexion. Ich konnte früher nahezu jede meiner Erkrankungen mit irgendeiner selbstschädigenden oder doch zweifelhaften Gewohnheit im Verhalten, Denken oder Wollen in Verbindung bringen. Jetzt bin ich schon lange nicht mehr krank gewesen, weil ich auch auf die leisesten

Signale meines Körpers achte und reagiere, ohne in neurotische Hypochondrie zu verfallen.

Üben Sie sich im Dulden. Lernen Sie die Fähigkeit, »tragen zu können«. Duldsamkeit ist eine wichtige Tugend, verwandt mit Gelassenheit und Tapferkeit sich selbst gegenüber. Sie ist innere Stärke. Mit dem, was ich nicht ändern kann, habe ich Frieden zu schließen. Da verschwenden wir mit unnützen Rebellionen gegen Unverfügbares wichtige Ressourcen, die wir besser produktiv an Stellen einsetzen könnten, wo wir etwas bewirken können. Wir haben keine andere Welt als die, in der wir leben. Wenn wir genau hinschauen, hat sie neben dem Leidvollen auch viel Gutes anzubieten, das wir dankbar anerkennen und freudvoll genießen sollten. Das dürfen wir uns weder durch eine mediale Dauerberieselung mit negativen Nachrichten noch durch Krankheiten und Schicksalsschläge zerstören oder wegnehmen lassen.

Machen Sie sich immer wieder klar, dass niemand auf Erden von Schicksalsschlägen wie etwa einer schweren Krankheit verschont wird und dass wir alle unser Päckchen zu tragen haben. Tragen wir es also mit Anstand und erhobenen Hauptes! Die Kraft, die wir dazu benötigen, sollten wir aus uns selbst und aus den Sonnenseiten unseres Lebens schöpfen, des gegenwärtigen wie des vergangenen.

K: Aber selbst wenn mir eine solche Einstellung dabei helfen sollte, mein Schicksal zu ertragen, wo bleibt da die Lebensfreude? Gibt es einen Weg, mich wieder so zu fühlen wie vorher, wieder so zu lachen wie früher, frei zu sein von negativen Emotionen und Aggressionen, die mich jetzt regelmäßig heimsuchen?

D: Das weiß ich nicht. Sie sollten es aber versuchen. Konzentrieren Sie sich auf das, was an Positivem da ist und was Ihnen Freude bereitet. Beschäftigen Sie sich, soviel es geht, mit solchen Dingen. Versuchen Sie weiter zu wachsen und sich zu entwickeln, nutzen Sie den Spielraum, der Ihnen noch verbleibt. Vergleichen Sie Ihren jetzigen Zustand nicht mit dem früheren und denken Sie nicht an die krankheitsbedingten Einschränkungen oder Beschwerlichkeiten. Meditieren Sie immer wieder das, was Ihnen noch an Gutem und an Lebensmöglichkeiten verbleibt. Setzen Sie sich in diesem Rahmen Aufgaben und Ziele und versuchen Sie sich so darauf zu konzentrieren, dass Sie die Krankheit für ein paar Stunden vergessen. Pflegen Sie Ihren Körper und achten Sie auf ihn und seine Signale. Tun Sie ihm Gutes, achten Sie darauf, was Sie essen und trinken und in welchem Umfang. Jemand sagte einmal, man wird zu dem, was man isst.

Denken Sie weniger an sich und an die Krankheit als vielmehr an die anderen, Ihre Kinder, Ihre Frau, Ihre Freunde und die Menschen um Sie herum. Es ist erfüllend, sinnstiftend und befriedigend, für andere zu leben und etwas für sie zu tun. Es ist eine Quelle der Freude, die wir in unserer Gesellschaft, die eine starke egoistische Ausrichtung hat, häufig ungenutzt lassen. Wenn Sie hier den Fokus verschieben, kann Ihnen das helfen, aus der Krankheit herauszufinden, oder Ihnen doch die Kraft geben, mit ihr umzugehen.

Und üben Sie immer wieder das Dulden. Haben Sie Vertrauen, dass auch wieder bessere Zeiten kommen, dass alles in unserem Leben zyklisch ist und sich wandelt. Das ist der natürliche Atem des Lebens, ein Rhythmus von Ein- und Ausatmen, ein steter Wechsel von Zusammenziehung und Ausdehnung. Verstehen Sie die Krankheit als Aufgabe, Herausforderung und Prüfung, an der Sie weiter reifen und vielleicht etwas über das Leben lernen können, was Ihnen bisher entgangen ist und was Ihr Leben bereichern kann. Manche Menschen entwickeln nach schweren Schicksalsschlägen Sensibilitäten für sich, andere und das Leben, die sie vorher nicht kannten. Manche kommen erst in solch schweren Lebensphasen zu sich selbst.

Verlangen Sie nicht, dass sich an Ihrem seelischen Zustand schnell etwas ändert. Geben Sie sich die Zeit, die es braucht. Philosophie ist keine Akutmedizin, sondern arbeitet stets auf eine nachhaltige Veränderung und innere Wandlung hin. Sie ist eine Lebensform und eine Anschauungsweise, die uns bei allem, was wir tun, begleiten sollte. Pflegen Sie zwei Seelen in Ihrer Brust: den Menschen, der im täglichen Ringen das Leben auf die beste Art zu meistern versucht, und den Philosophen, der ihm dabei zuschaut und hilft. Er tut dies völlig losgelöst von den Befangenheiten in Alltagsproblemen, aus der Distanz und aus einer überlegenen Perspektive heraus. Der Philosoph in uns überblickt das Ganze, berücksichtigt auch die langfristigen Folgen unserer Entscheidungen und unseres Tuns, gibt gute Ratschläge und warnt vor Fehltritten. Wie eine gute Therapie beschränkt sich die praktische Philosophie nicht darauf, die Symptome zu behandeln. Sie sucht die Ursachen, die Wurzeln und ist bemüht, sie zu beseitigen. Wenn sie tief liegen, dann müssen wir tief graben.

Seien Sie sicher, dass Sie Fortschritte machen werden und dass Sie wieder zu der vollen Freude am Leben zurückfinden werden. Geduld, Beharrlichkeit, konsequentes Üben und richtiges Denken sind der Garant dafür, dass Sie das Beste aus Ihren Möglichkeiten machen, seien diese auch aufgrund Ihrer Krankheit beschränkt. Kein Mensch hat unbeschränkte Möglichkeiten. Jeder muss lernen, die Welt und das Leben, in das er hineingeworfen ist, anzunehmen, wo er es nicht ändern kann. Wir müssen lernen, hier und da auch zu verzichten, denn unsere Sehnsüchte und Begierden kennen keine Grenzen, alle Lust will Ewigkeit.

Lassen Sie sich nicht herunterziehen, wenn Sie sich nicht gut fühlen. Das geht vorbei. Seien Sie in solchen Momenten besonders duldsam. Häufig ist das lediglich eine Stimmung, die kommt und wieder geht, wie die Wolken am Himmel.

Lösen Sie sich schließlich von der Vorstellung, es müsse wieder so werden, wie es vor der Krankheit war. Das weckt falsche Erwartungen und führt zu Frustration. Nichts wird so, wie es war. Das ist das Wesen unserer Lebendigkeit. Das Leben ist ein langer Fluss, nie fließt er rückwärts. Das Leben ist durch Ihre Krankheit ein anderes geworden und hat sich geändert. Einiges ist gegangen, anderes wird kommen und das Vergangene ersetzen. Seien Sie offen und achtsam für das Begegnende, erkennen und ergreifen Sie es, wo es Freude bringt. Konzentrieren Sie sich auf die Möglichkeiten, die Ihnen bleiben. Auch Krankheiten lassen immer irgendwelche Möglichkeiten und schaffen neue, solange wir atmen.

K: Ich werde es versuchen.

Die weitere Konsultation zog sich über ein halbes Jahr hin, zeigte aber Erfolge. Nach dem, was ich mitbekam, ging es ihm zunehmend besser, mental, aber auch körperlich. Es komme immer seltener zu aggressiven Schüben und negativen Emotionen, berichtete er. Auch die Krankheitssymptome seien zurückgegangen. Er habe schon immer meditiert und Atemübungen praktiziert, aber er habe den Eindruck, dass sie deutlich wirksamer geworden seien, seitdem er sie mit der Philosophie Diotimas habe in Verbindung bringen und unterfüttern können. Schädliche

Ansichten habe er geändert und durch nährende, positive Denkgewohnheiten ersetzt.

Die Philosophie helfe ihm auch, mit Distanz auf seine Situation zu schauen. Das relativiere einiges, was ihn bisher belastet habe, und befreie ihn aus dem Selbstmitleid, in das er früher verfallen sei. Der Körper stabilisiere sich, je achtsamer er auf eine ausgewogene gesunde Ernährung und auf ausreichende tägliche Bewegung an der frischen Luft achte. Regelmäßige Atemübungen erhöhten die Sauerstoffzufuhr der Zellen und regten die Lymphtätigkeit an, was sein körperlich-seelisches Wohlbefinden merklich verbessert habe. Im Ganzen sei er erstaunt und erfreut, welchen positiven Einfluss ein durch Philosophie geschultes Denken auf Geist und Körper haben könne. Das hätte er vorher nicht gedacht.

Aus den weiteren Gesprächen fand ich folgende Merksätze beachtenswert:

»Jede Krankheit ist traurig;
aber der Weise versteht es, krank zu sein.«
Altes Ägypten[2]

»Deine Krankheit kommt nicht vom Himmel
noch von Menschen noch von Geistern.
Als du mit dem Leben deine körperliche Gestalt erhieltest,
da hat sie sich gebildet.«
Liezi[3]

»Denn der eine Teil (von Körper und Seele) wird von dem anderen in Mitleidenschaft gezogen, und es verschließt sich weder die Seele dem, was mit dem Körper vorgeht, noch ist der Körper der Macht der Seele ganz unzugänglich. So ist die Folge von Entzündungen wichtiger körperlicher Organe Wahnsinn, Verrücktheit oder Hemmung des gesamten Vorstellungsvermögens und ebenso wird der Körper durch Kummer, Angst, Zorn, kurz durch die seelischen Gefühle mit beeinflusst.«

Hierokles[4]

»Geistig-seelische Konzentration auf eine ganzheitliche Lebensführung fördert die Gesundheit.«

nach dem Gelben Kaiser[5]

»Wo ein Körper ist, da ist auch Leiden,
da ist der Tod.«

nach Buddha[6]

»Dein Körper ist das Kleid der Vergänglichkeit.
Höre auf, dich mit ihm zu identifizieren.«

nach Shankara[7]

»Dass wir zu leiden haben, ist,
weil wir einen Leib haben.«

Laotse[8]

»Lasst euch treiben in dem flüchtigen Wolkenwind,
der euer Leib ist.«

Ikkyu Sojun[9]

*»Menschen von Charakter, Scharfsinn,
Klugheit und Weisheit haben in der Regel lange
in Not und Elend gelebt.«*
nach Menzius[10]

*»Keine Freude ohne Leid –
kein Leid ohne Freude,
als ob die zwei an einer Speerspitze
zusammengeknüpft wären.«*
Sokrates nach Platon[11]

»Denn bei allem, was die Menschen treiben, spielt der Körper eine Rolle … Wer weiß nicht, dass auch beim Denken, wo der Körper doch scheinbar nur ganz wenig vonnöten ist, nur deshalb viele schwer in die Irre gehen, weil dieser nicht gesund ist?«
Sokrates[12]

Zwölf Regeln zum gelingenden Leben

Die inhaltlichen Überschneidungen, die sich in den folgenden Abschnitten finden, beruhen darauf, dass eine philosophisch begründete, weise Lebensführung notwendig immer den ganzen Menschen in all seinen Lebensäußerungen und -bezügen betrifft und einbezieht. Die Persönlichkeit ist ein einheitliches, organisches Ganzes, in dem vieles ineinandergreift und voneinander abhängt. Folglich sind auch die Werte, Haltungen und Grundsätze für ein gelingendes Leben innerlich eng miteinander verflochten und überschneiden sich vielfältig. So sind beispielsweise Selbsterkenntnis und Authentizität wichtige Prinzipien des guten Lebens, die wesentlich aufeinander verweisen. Wer authentisch leben will, muss sich selbst gut kennen. Umgekehrt sucht die Selbsterkenntnis nach dem Eigenen und Individuellen in uns, das heißt nach der Authentizität.

Die hier zusammengestellten Regeln sind nicht spezifisch stoisch, auch wenn sich alle bei den Stoikern finden lassen. Es sind die wichtigsten Maximen für ein gutes Leben, wie sie sich in allen uns bekannten Weisheitstraditionen nachweisen lassen. Sie stellen die Quintessenz der gesammelten Lebenserfahrungen vieler Generationen in Orient und Okzident dar und gehören zum universalen und unvergänglichen Kulturerbe der Menschheit.

Den Schritt anhalten!

Der erste Schritt zu einem gelingenden Leben besteht darin, regelmäßig Pausen zu machen, das Hamsterrad anzuhalten, den Trott zu unterbrechen, um sich zu sammeln, in sich zu gehen und über sein Leben nachzudenken: Fühlen wir uns gut? Gibt es negative Gefühle, Konflikte, Belastungen, die uns stören und von denen wir uns gerne befreien möchten? Gibt es Bedürfnisse, denen wir stärker nachgehen und mehr Zeit widmen sollten? Fühlen sich die Beziehungen und Verhältnisse, in denen wir leben, noch gut an? Sind wir nahe bei uns oder doch auf dem Weg zu uns selbst? Leben wir das Leben, das wir leben wollen und das uns entspricht und ausfüllt? Hierfür müssen wir in unserem Alltag regelmäßig Zeiten der ruhigen Selbstbesinnung, Oasen der Selbstfindung frei halten.

Ordne dein Inneres!

Glück und Unglück liegen nicht in äußeren Dingen und Verhältnissen, sondern in der eigenen Seele und ihrer jeweiligen Verfassung. Bringen wir unsere inneren Kräfte zum Ausgleich und kommen wir mit uns ins Reine! Aus der Grundstimmung heiterer Gelassenheit, die sich dann einstellt, erwachsen Momente tief empfundenen Glücks, die zu einem nachhaltigen Wohlbefinden, zu einer stabilen Zufriedenheit mit unserem Leben führen. Wir sind der Gärtner unseres Seelengartens. Wir sollten uns täglich um ihn kümmern. Das Glück sind die Früchte und Blumen, die dort wachsen. Wir sollten die richtigen Werte für unser Leben erkennen, verinnerlichen und zu festen Haltungen ausbilden, nach denen wir leben.

Lerne dich kennen!

Nur wer sich kennt, weiß, was ihm auf Dauer guttut und was nicht. Wir sollten nicht die Augen vor unseren Schwächen und Defiziten verschließen. Wir sollten unsere Begabungen und Talente erkennen, fördern und ausbilden. Wir sollten die Prägungen und Fremdeinflüsse erkennen, die unsere Befindlichkeit, unser Denken, unser Verhalten, unsere Gefühle und unser Wollen beeinflussen. Sich selbst betrügen ist von allem das Schlimmste. Durchschauen wir uns, kommen wir uns auf die Schliche! Auf diese Weise werden wir Herr im eigenen Hause.

Erziehe dich selbst!

Wer keine Gewohnheit ändert, der ändert nichts. Wir können an uns arbeiten, um negative Gefühle abzubauen, um uns intensiver am Leben zu erfreuen und immer näher in unsere Mitte zu kommen. Dies geschieht dadurch, dass wir unsere Einsichten darüber, was uns auf Dauer guttut, durch kontinuierliches Einüben entsprechender Gewohnheiten im Denken, Sprechen, Verhalten und Wollen zu inneren Haltungen verdichten. Gleichzeitig sollten wir uns die Verhaltensmuster, mit denen wir uns selbst schädigen, abgewöhnen. Dadurch bereichern und reinigen wir Schritt für Schritt unseren Charakter und entwickeln unsere Persönlichkeit. Wir übernehmen die Verantwortung für unser Leben.

Werde du selbst!

Werde, der du bist, mittels der Erfahrungen, die du machst. Es ist manchmal schwierig zu erkennen, wer wir sind, aber leicht, Gefühle der Entfremdung und deren Ursachen wahrzunehmen. Daher besteht der Weg zu uns selbst vor allem darin, auf unsere Gefühle zu achten und negative Emotionen, Prägungen und Fremdeinflüsse zu erkennen und abzubauen. Wir müssen uns ausprobieren und auch einmal neue Wege gehen, um uns zu erleben. Scheuen wir dabei Irrwege nicht. Auch aus ihnen können wir lernen. Wir sollten mit uns ins Reine kommen und aus unserer Persönlichkeit eine in sich stimmige Einheit formen. Sie sollte in jedem Moment unseren unverfälschten Kern widerspiegeln. Denken, Sprechen, Wollen und Handeln sollten im Einklang stehen und sich nicht widersprechen. Dann fühlen wir uns wohl in unserer Haut, wohnen in uns selbst und leben aus der Geborgenheit im Innern heraus.

Unser Verhältnis zu anderen

Werde unangreifbar!

Wir sollten lernen, uns über andere Menschen nicht zu ärgern und keinen Zorn zu entwickeln. Wir alle haben Schwächen und Fehler und sollten deshalb niemanden verurteilen oder bewerten, auch nicht solche Menschen, bei denen es uns schwerfällt. Das gilt nicht für ihr Verhalten, ihre Worte, Ansichten und Taten, sondern für den dahinterstehenden Menschen als solchen. Niemand hat sich selbst gemacht. Wir sind alle Opfer von vielfältigen äußeren Einflüssen, Erfahrungen und Begebenheiten. Würden wir die ganze Lebensgeschichte eines Menschen kennen, könnten wir verstehen, wie es zu seinen Defiziten gekommen ist, und wären fähig, milder zu sein und zu verzeihen. Menschen, die ihre Schwächen weder beherrschen noch überwinden können, sollten uns eher leidtun, aber kein Grund sein, uns zu ärgern. Wir müssen unsere verletzte Selbstliebe und Eitelkeit überwinden, sodass wir uns durch keinen Angriff in unserer Integrität getroffen fühlen. Wir sollten nichts persönlich nehmen, auch wo es so gemeint ist. Wenn wir uns darin üben, hören Zorn, Wut und Ärger über andere Menschen auf. Einen starken Charakter kann man nicht beleidigen.

Lerne zu geben!

Gelingende Mitmenschlichkeit ist ein unverzichtbares Element eines erfüllten Lebens und eines seiner wichtigsten Merkmale. Wir sollten uns überall um ein friedvolles Miteinander und gegenseitiges Verständnis bemühen und jeden persönlichen Streit vermeiden. Mit Streit ist nicht die Auseinandersetzung in der Sache oder der Meinungsstreit gemeint. Streit bezeichnet hier den darüber hinausgehenden aggressiven Angriff auf die Person des anderen, der häufig mit der sachlichen Auseinandersetzung vermengt wird. Wer sich einem persönlichen Streit konsequent verweigert, mit dem kann man nicht streiten. Es liegt demnach an uns, persönlichen Streit zu vermeiden. Mitmenschlichkeit bedeutet ferner, immer auch an die anderen zu denken, ihnen Gutes zu tun, für sie zu leben, ihnen die helfende Hand zu reichen. Es macht uns glücklich, zum

Glück der anderen beizutragen. Üben wir uns darin, uneigennützige Dinge zu tun und Freude an dem Glück der anderen zu empfinden.

Begegne Menschen zugewandt!

Begegne jedem Menschen, gleichgültig wer es ist, mit Wohlwollen, Achtsamkeit, Respekt, Neugierde und Zugewandtheit. Auch der schwierigste Mensch hat sympathische Seiten, die wir im Gespräch suchen und auf die wir uns konzentrieren sollten. So vermeiden wir negative Gefühle und leben in Frieden mit unseren Mitmenschen. Wohlwollende Zugewandtheit macht aus unseren »Gegnern« Verbündete, aus Menschen, die uns im ersten Moment unsympathisch erscheinen, Freunde. Üben wir uns in Großherzigkeit, Milde und der Fähigkeit, verzeihen zu können. Überwinden wir die negativen Emotionen und Reaktionen, die das Verhalten und die Äußerungen anderer auslösen. Sie sind nutzlos. Das bedeutet nicht, ihr Tun und ihre Äußerungen gutzuheißen. Wir können den Menschen Wohlwollen entgegenbringen und gleichzeitig ihr Verhalten kritisieren. Erst Wohlwollen und Zugewandtheit eröffnen uns die Möglichkeit, die anderen zu verstehen und positiv auf sie einzuwirken. Nur Friedvolle schaffen Frieden.

Gestalte dein Schicksal!

Wenn wir unser Glück nicht an äußere Dinge, Menschen und Verhältnisse hängen, sondern es im eigenen Innern suchen, dann werden wir innerlich unabhängig von dem, was im Äußeren geschieht. Aus der Ruhe und Kraft innerer Ausgeglichenheit heraus werden wir fähig, jedes Schicksal anzunehmen und zu meistern. Unvermeidliches Leid werden wir tapfer und duldsam zu ertragen wissen. Wir verstehen, aus jeder Situation das Beste zu machen. Jedes Ereignis bietet Chancen. Nicht die äußeren Dinge, Menschen und Verhältnisse sind gut oder schlecht, sondern es kommt darauf an, was wir daraus machen, ob wir verstehen, mit ihnen umzugehen und sie zu unserem Wohl zu nutzen. Unsere Persönlichkeit ist es, die den Gang unseres Lebens bestimmt. Unser Charakter ist unser Schicksal. Alles liegt in unserer Hand.

Übe dich im Sterben!

Machen wir uns Vergänglichkeit und Tod zu Freunden. Das klingt befremdlich, ist aber von grundlegender Bedeutung für ein gelingendes Leben und besiegt jede Angst. Gewöhnen wir uns an den Gedanken, dass alles kommt und geht. Betrachten wir das, was wir haben, als Geschenk und Leihgabe und lernen wir, es dankbar und ohne Wehmut wieder zurückzugeben. Wer gelernt hat loszulassen, der bleibt gelassen. Wir regen uns nicht mehr auf über die Wechselfälle des Schicksals. Lernen wir, das Vorhandene in dem Bewusstsein seiner Vergänglichkeit zu genießen und zu schätzen! Auf diese Weise wird es kostbar. Seien wir uns immer darüber im Klaren, dass das Leben für jeden von uns eines Tages enden wird. Der Tod gehört zu unserem Leben als unser unabänderliches Schicksal. Nur weil es ihn gibt, macht uns das Leben so viel Freude. Ohne ihn würde das Leben fad, langweilig und ohne Momente des Glücks sein. Nur durch ihn können wir jeden Tag unseres Lebens genießen. Seien wir nicht undankbar und nehmen den Tod an als notwendigen Teil unseres Lebens.

Sei innerlich unabhängig!

Die Fähigkeit, loslassen zu können, macht frei. Hängen wir unser Herz nicht an äußere Dinge und Verhältnisse. Auch wenn wir einen Menschen lieben, sollten wir nicht vergessen, dass die Liebe enden kann und dass uns ein nahestehender Mensch jederzeit genommen werden kann. Nur wir selbst gehören uns immer. Alle äußeren Beziehungen und Besitztümer können enden. Trotzdem geht unser Leben weiter und sehnt sich weiter nach Glück. Suchen wir also das Glück in uns und machen es unabhängig von allem Äußeren. Zwar verschafft uns auch Äußeres Glücksgefühle. Wir sollten aber jederzeit bereit sein, auf eine äußere Quelle der Freude verzichten zu können und loszulassen. Die Kunst des Loslassens beruht auf Selbstgenügsamkeit, Bescheidenheit, Demut und Dankbarkeit, Tugenden, ohne die unser Leben nicht gelingen kann. Sie wurzelt darin, dass wir uns im eigenen Innern geborgen fühlen. Wer loslassen kann, wird innerlich frei und unabhängig.

Wenn wir unseren Seelengarten hegen und pflegen, mit uns Frieden schließen und unsere Seelenkräfte in eine harmonische, ausgeglichene Balance bringen, dann wird unsere persönliche Mitte zu einer unerschöpflichen Quelle von Kraft, Energie, Sicherheit und Glück. Sie nährt unser Selbstvertrauen und Selbstwertgefühl. Unsere Mitte wird zu einer inneren Burg, die von außen nicht angegriffen und verletzt werden kann. In sie können wir uns immer wieder zurückziehen, um zur Ruhe zu kommen, zu uns zurückzufinden, aufzutanken und uns von äußeren Belastungen und aus äußeren Verstrickungen zu befreien. In ihr erholen wir uns von den Herausforderungen und Turbulenzen unseres alltäglichen Daseins. Alles Äußere wird relativiert und verliert an Bedeutung im Verhältnis zu unseren inneren Werten wie Authentizität, Wahrhaftigkeit, Seelenruhe, innere Ausgeglichenheit und Stimmigkeit. Die innere Burg ist der Hort unserer Resilienz.

Nachwort

Das vorliegende Buch weicht in mehrerer Hinsicht von meinen bisherigen Büchern ab. Es hat eine erfundene Rahmengeschichte, die Lebensfragen werden in Dialogform anhand konkreter Probleme erörtert. Ich habe auf die Nachweise für die Weisheiten und philosophischen Zitate weitgehend verzichtet, die Diotima in ihren Beratungsgesprächen weitergibt. Nahezu alles, was Diotima an Ratschlägen erteilt, findet sich in Weisheitstexten und philosophischen Büchern und kann dort nachgewiesen werden. Vieles stammt von den bedeutendsten Denkern der Antike in Orient und Okzident wie Sokrates, Platon, Aristoteles, Demokrit, Epikur, Seneca, Mark Aurel (Griechenland, Rom), von Buddha, Nagarjuna, Shankara, Patañjali, aus den Upanishaden und der Bhagavadgita (Indien), von Laotse, Konfuzius, Zhuangzi, Liezi, Menzius (China) und zahlreichen anderen. Wer die Originalzitate sucht, wird viele davon in meinen bisherigen Büchern finden, etwa in »Wie lebe ich ein gutes Leben? Philosophie für Praktiker«, »Denken heilt. Philosophie für ein gesundes Leben«, »Leben lernen – ein Leben lang. Eine praktische Philosophie« und »Vom Glück des Wanderns. Eine philosophische Wegbegleitung«. Dort habe ich dieses Weisheitswissen in seinem inneren Zusammenhang und philosophischen Gehalt in allgemein verständlicher Form dargestellt, erläutert und auf unsere Zeit angewendet.

Dieses Buch beruht auf tatsächlich geführten Beratungsgesprächen, die ich in den letzten Jahren geführt habe. Die Details und die Personenbeschreibungen sind verändert, sodass jede Ähnlichkeit rein zufällig wäre. Die Fragen der Klienten an Diotima sind in diesen Beratungsgesprächen, aber auch in meinen philosophischen Matineen, Seminaren und Urlauben immer wieder gestellt worden. Ich hoffe daher, mit dieser Form der Darstellung auch Menschen erreichen zu können, die sich bisher nicht mit Philosophie beschäftigt haben. Ich würde mich freuen, wenn das Buch auf diese Weise Interesse wecken könnte, sich näher mit dem überlieferten Weisheitswissen zu beschäftigen. Ich sehe darin nicht nur einen der größten Schätze der Menschheitskultur, sondern zugleich eine der nützlichsten Hilfen bei der täglichen Lebensbewältigung und dem Versuch, das Beste aus seinem Leben zu machen und ein gelingendes Leben zu führen.

Der Titel des Buches rechtfertigt sich dadurch, dass die häufigste Definition von »Glück«, die wir in der Weisheitstradition aller Kulturen antreffen, auf Seelenruhe, Seelenfrieden, heitere Gelassenheit, innere Ausgeglichenheit oder Geborgenheit im Innern hinausläuft. Wenn wir nicht an das momenthafte, zufällige Glück denken (»Ich habe Glück gehabt«), sondern an den dauerhaften Seelenzustand, nach dem wir uns alle sehnen (»Ich bin glücklich«), dann denken wir eher an einen hohen Grad von Zufriedenheit mit unserem Leben als Ganzem, an das Gefühl von Stimmigkeit und tiefer »Beruhigtheit der Seele« (Epikur). Wer mit sich, den anderen und der Welt im Reinen ist, der wird durchströmt und getragen von innerer Ruhe und Ausgeglichenheit, wovon ein tiefes Wohlgefühl ausgeht, das wir Glück nennen.

Danksagung

Ich bedanke mich bei allen Teilnehmern meiner philosophischen Veranstaltungen für ihre Fragen und Beiträge, die zum Entstehen dieses Buchs beigetragen haben. Ferner beim Verlagslektor Jürgen Bolz, bei Ralf Leu und vor allem bei meiner Frau Susanne für die vielen fruchtbaren Hinweise und Anregungen sowie für die andauernde Ermutigung und Unterstützung, dieses Buch zu schreiben.

Register der Personen und Werke

Antiphon von Athen, 5. Jh. v. Chr., antiker Philosoph und Sophist.

Antipatros von Tarsos, ca. 200–129 v. Chr., griechischer Philosoph und Oberhaupt der stoischen Schule in Athen.

Aristoteles, 384–322 v. Chr., neben seinem Lehrer Platon der bedeutendste Philosoph der abendländischen Antike.

Bion von Borysthenes, ca. 335–245 v. Chr., griechischer Philosoph der kynischen Schule.

Bhagavadgita (»Gesang des Erhabenen«), klassisches philosophisches Lehrgedicht des Hinduismus.

Buch der Riten (Lǐji), klassisches chinesisches Weisheitsbuch aus der Antike.

Buddha (Siddhartha Gautama), ca. 563–483 v. Chr., Begründer des Buddhismus.

Cicero, Marcus Tullius, 106–43 v. Chr., römischer Redner, Politiker, Schriftsteller und Philosoph.

Demokrit, ca. 460–370 v. Chr., griechischer Philosoph.

Demotisches Weisheitsbuch (Papyrus Insinger), 1. Jh. v. Chr., ägyptischer Weisheitstext.

Der Gelbe Kaiser, antikes Grundlagenwerk zur traditionellen chinesischen Medizin.

Diogenes von Sinope, ca. 400–323 v. Chr., griechischer Philosoph, mit Antisthenes Begründer der kynischen Schule.

Diotima, 5. Jh. v. Chr., nach Platons Dialog »Das Gastmahl« eine weise Frau aus Mantineia, Lehrerin des Sokrates, umstritten, ob frei erfunden oder eine geschichtliche Gestalt.

Dogen (Dōgen Zenji), 1200–1253, japanischer Zen-Meister.

Epiktet, ca. 50–130 n. Chr., ehemaliger Sklave, dann Philosoph in Rom, Vertreter der späten Stoa.

Epikur, 341–270 v. Chr., griechischer Philosoph und Begründer der epikureischen Schule.

Hayashi Razan, 1583–1657, konfuzianischer Gelehrter.

Hekaton von Rhodos, ca. 160–90 v. Chr., stoischer Philosoph.

Hesiod, um 700 v. Chr., griechischer Dichter.

Hierokles, ca. 2. Jh. n. Chr., stoischer Philosoph.

Homer, etwa 8. Jh. v. Chr., griechischer Dichter.

I Ging (Buch der Wandlungen) 2./3. Jts. v. Chr., klassisches chinesisches Weisheits- und Orakelbuch.

Ikkyū Sōjun, 1394–1482, japanischer Zen-Meister und Dichter.

Issa, 1763–1827, bedeutender japanischer Dichter.

Isokrates, 436–338 v. Chr., griechischer Redner und Rhetoriklehrer.

Jakuan Sôtaku (Lebensdaten unbekannt), japanischer Teemeister.

Kamada Ryûkô, 1754–1810, konfuzianischer Gelehrter.

Kenran Umeji, 1892–1951, Zen-Meister.

Konfuzius (Kung-tse, K'ung-tzu, Kongzi, Kungfutse), 551 bis 479 v. Chr., bedeutendster chinesischer Philosoph.

Laotse (Laozi, Lao-tzu), 6. Jh. v. Chr., legendärer chinesischer Philosoph.

Liezi (Liä Dsi, Lieh-tzu), ca. 5. Jh. v. Chr., chinesischer Philosoph.

Lü Buwei (Lü Bu We, Lü Pu-wei), ca. 300–235 v. Chr., chinesischer Kaufmann, Politiker und Philosoph.

Mark Aurel, 121–180 n. Chr., römischer Kaiser und stoischer Philosoph.

Menzius (Mengzi, Meng-Tse, Mong Dsi, Mong Ko), ca. 370–290 v. Chr., chinesischer Philosoph.

Musonius Rufus, ca. 30–100 n. Chr., römischer Philosoph und Lehrer der stoischen Richtung.

Patañjali, 5. oder 2. Jh. v. Chr., indischer Gelehrter und Verfasser der Yoga-Sutras.

Phokylides von Milet, 6. Jh. v. Chr., griechischer Dichter.

Pindar, ca. 522–445 v. Chr., bedeutender griechischer Lyriker aus Böotien.

Platon, 427–348/347 v. Chr., neben Aristoteles der bedeutendste Philosoph der abendländischen Antike.

Plutarch, ca. 45–125 n. Chr., griechischer Schriftsteller.

Seneca, Lucius Annaeus, ca. 4 v. Chr. – 65 n. Chr., römischer Philosoph und Staatsmann, Stoiker.

Shankara, ca. 788–820, indischer Philosoph und religiöser Lehrer.

Shibata Kyuo, 1783–1849, konfuzianischer Gelehrter.

Sokrates, ca. 470–399 v. Chr., einer der bedeutendsten griechischen Philosophen.

Solon, ca. 640–560 v. Chr., griechischer Staatsmann und Dichter.

Terenz (Publius Terentius Afer), ca. 180–158 v. Chr., römischer Komödiendichter.

Upanishaden, philosophische Schriften des Hinduismus aus der Zeit zwischen 700 und 200 v. Chr.

Xenophon, ca. 426–355 v. Chr., Geschichtsschreiber, Schriftsteller und Philosoph.

Xunzi (Hsün-Tse, Hsün-Tzu), ca. 298–220 v. Chr., chinesischer Philosoph.

Yamaga Sokō, 1622–1685, japanischer konfuzianischer Philosoph.

Yamamoto Tsunetomo, 1659–1719, Samurai und Autor des *Hagakure,* auch als Ehrenkodex der Samurai bekannt.

Yoshida Kenkô, ca. 1283–1350, japanischer Dichter und buddhistischer Laienmönch.

Zenon von Kition, ca. 334–263 v. Chr., griechischer Philosoph, Begründer der stoischen Schule.

Zhuangzi (Chuang-tzu, Dschuang Dsi), ca. 365–290 v. Chr., chinesischer Philosoph.

Anmerkungen

Motti

1 Nach Epikur, *Von der Überwindung der Furcht*, übersetzt von Olof Gigon, München 1991, S. 102 f.

2 Bissing, Fr. W. Freiherr von, *Ägyptische Lebensweisheit*, Zürich 1955, S. 110.

3 Nach Konfuzius, *Gespräche*, herausgegeben und übersetzt von Ralf Moritz, Reclam, Ditzingen 2005, VII 37.

4 *Upanishaden*, herausgegeben und eingeleitet von Peter Michel, Übersetzung Paul Deussen, Neuausgabe Stuttgart, 2. Auflage 2007, Maha-Narayana-Up. 63,4 f. (S. 330/256).

5 Zhuangzi, *Das wahre Buch vom südlichen Blütenland*, übersetzt von Richard Wilhelm, Neuausgabe Kreuzlingen/München 2006, XXVII 11 (295).

6 Nach *Der Gelbe Kaiser. Das Grundlagenwerk der chinesischen Medizin*, herausgegeben, kommentiert und übersetzt von Maoshing Ni, aus dem Englischen von Ingrid Fischer-Schreiber, Bern u. a., 2. Auflage 1999, S. 44.

7 Nach Oldenburg Hermann, *Buddha. Sein Leben. Seine Lehre. Seine Gemeinde*, herausgegeben von Helmuth von Glasenapp, Magnus Verlag, Stuttgart (ohne Jahresangabe), S. 236.

Vorwort

1 Nach Cicero, *Tusculanae disputationes. Gespräche in Tusculum*, Lateinisch/Deutsch, übersetzt und herausgegeben von Ernst Alfred Kirfel, Stuttgart 1997, III 25.

Was will ich eigentlich?

1 Kungfutse, Schulgespräche, übersetzt von Richard Wilhelm, Düsseldorf–Köln 1961, zitiert nach Abschnitt und Kapitel, 13, 3. Vollständig: »Herzog Ai fragte den Meister Kung (Konfuzius): ›Ich habe von einem Menschen gehört, der so vergesslich war, dass er bei einem Umzug seine Frau vergaß. Ist so etwas möglich?‹ *Meister Kung erwiderte: ›Das ist noch nicht die schlimmste Vergesslichkeit. Am schlimmsten ist, wenn man sich selbst vergisst.‹«*

2 *Mong Dsi (Mong Ko)*, übersetzt von Richard Wilhelm, Jena 1916, III B 1 (61); Text geringfügig geändert.

3 Kungfutse, *Schulgespräche*, übersetzt von Richard Wilhelm, Düsseldorf–Köln 1961, 37,1, statt »Weiser« steht »Edler«, ohne dass dies einen großen Unterschied bezeichnen würde.

4 Pindar, Zweite Pythische Ode, 72, zit. nach Snell, Bruno, *Die Entdeckung des Geistes. Studien zur Entstehung des europäischen Denkens bei den Griechen*, Hamburg, 2. Auflage 1948, S. 151.

5 Pindar, *Siegeslieder*, Deutsche Übertragungen, zusammengestellt von Uvo Hölscher, Hamburg 1962, S. 53.

6 *Buch der Riten, Sitten und Gebräuche*, herausgegeben und übersetzt von Richard Wilhelm, Köln 2007, S. 56.

7 Seneca, *Philosophische Schriften*, übersetzt von Otto Apelt, Wiesbaden 2004, III 69 f. Brief 20. Vollständig: *»Die Philosophie lehrt handeln, nicht reden, sie fordert, dass jeder getreu seinem inneren Gesetze lebe.«*

8 Nach Patañjali, *Die Wurzeln des Yoga*, Übertragung von Bettina Bäumer, mit einem Kommentar von P.Y. Deshpande, Bern u. a., 7. Auflage 1993, II 36: *»Wenn man in der Wahrhaftigkeit fest gegründet ist, schafft man eine Grundlage für die Reifung der Taten.«*

Wie gehe ich mit mir um?

1 Aristoteles, *Die Nikomachische Ethik*, übersetzt und herausgegeben von Olof Gigon, München 1972, 1168b 9 f.

2 Seneca, *Philosophische Schriften*, übersetzt von Otto Apelt, Wiesbaden 2004, IV 164 Brief 95. Wohl schon bei Menander.

3 Antiphon, in Nestle, Wilhelm, *Griechische Lebensweisheit und Lebenskunst*, Stuttgart 1949, S. 72; Text geringfügig geändert.

4 Phokylides, in Ebener, Dietrich, *Griechische Lyrik*, Sonderausgabe, Bayreuth 1985, S. 442.

5 Seneca L. Annaeus, *Philosophische Schriften*, Lateinisch–Deutsch, übersetzt und herausgegeben von Manfred Rosenbach, 5 Bände, 2. Aufl., Darmstadt 1995, Bd. 5, 37 (Über die Milde).

6 Nach Seneca, *Philosophische Schriften*, übersetzt von Otto Apelt, Wiesbaden 2004, I 180 f (III 24). Text geringfügig geändert.

7 Schwarz, Ernst, *So sprach der Weise. Chinesisches Gedankengut aus drei Jahrtausenden*, übersetzt und herausgegeben von Ernst Schwarz, Berlin 1981, S. 228.

Wie schaffe ich das?

1 Seneca, *Philosophische Schriften*, übersetzt von Otto Apelt, Wiesbaden 2004, III 54 ep 16: *»Prüfe dich bis ins Innerste, erforsche und beobachte dich auf jede Weise; achte vor allem darauf, ob du im philosophischen Studium oder im Leben selbst Fortschritte gemacht hast. Die Philosophie ist keine handwerksmäßige Kunstfertigkeit und bietet nichts zur Schaustellung Geeignetes. Ihr Wesen liegt nicht im Wort, sondern in der Handlung.«*

2 Desikachar/Krusche, *Das verborgene Wissen bei Freud und Patañjali*, Stuttgart 2007, S. 103.

3 (Buddha) Vgl. Wikipedia, Art. *»Die vier edlen Wahrheiten«*, zuletzt abgerufen 15.11.2020.

4 Konfuzius, *Gespräche*, herausgegeben und übersetzt von Ralf Moritz, Reclam, Ditzingen 2005; statt *»Freude«* steht dort *»Befriedigung«*, mit *»Freude«* übersetzen Stange und Dawson.

5 *Die Nachsokratiker*, herausgegeben und eingeleitet von Wilhelm Nestle, 2 Bde., Jena 1923, II 198.

6 Seneca, *Philosophische Schriften*, übersetzt von Otto Apelt, Wiesbaden 2004, III 102 Brief 27.

7 *Bhagavadgita*, übersetzt und herausgegeben von Klaus Mylius, Wiesbaden (Leipzig 1979), 18, 51–53: *»Wer in Beständigkeit sich übt, … Der ist zur Göttlichkeit gereift.«*

8 Platon, *Sämtliche Dialoge,* herausgegeben von Otto Apelt, 7 Bde., Hamburg 1993, zitiert nach Buch und Ziffer der Stephanusausgabe, Staat 518 (275); Übersetzung geringfügig geändert: *»Es scheinen also die anderen Tugenden (Weisheiten), die man gewöhnlich als der Seele zugehörig bezeichnet, einige Verwandtschaft mit den körperlichen Vorzügen zu haben; denn in der Tat wohnten diese (Tugenden), wie es scheint, ihr (der Seele) früher nicht inne und wurden erst später durch gute Gewohnheit und Übung ihr beigebracht ... «*

9 Seneca, *Philosophische Schriften*, übersetzt von Otto Apelt, Wiesbaden 2004, IV 138 Brief 94.

Wann bin ich bei mir angekommen?

1 *Buch der Riten, Sitten und Gebräuche*, herausgegeben und übersetzt von Richard Wilhelm, Köln 2007, S. 56.

2 (Lü Buwei) Schwarz, Ernst, *So sprach der Weise. Chinesisches Gedankengut aus drei Jahrtausenden*, übersetzt und herausgegeben von Ernst Schwarz, Berlin 1981, S. 265.

3 *I Ging. Text und Materialien*, Richard Wilhelm, München, 15. Aufl. 1988, S. 43 (5. Abschnitt).

4 Nach Patañjali, *Die Wurzeln des Yoga*, Übertragung von Bettina Bäumer, mit einem Kommentar von P.Y. Deshpande, Bern u. a., 7. Aufl. 1993, I 30.

5 Konfuzius, *Gespräche*, herausgegeben und übersetzt von Ralf Moritz, Reclam, Ditzingen 2005, IV,15, Text geändert.

6 Brüll, Lydia, *Japanische Weisheit*, ausgewählt, übersetzt und herausgegeben von Lydia Brüll, Stuttgart 1999, S. 130.

7 Kungfutse, *Schulgespräche*, übersetzt von Richard Wilhelm, Düsseldorf–Köln 1961, 13,3.

8 Nach Fritz Karl August, *Weisheiten der Völker*, Köln 2003, S. 334.

Was bringt mir das?

1 Pohlenz, Max, *Stoa und Stoiker*, Zürich 2. Aufl. 1964, S. 8.

2 Nach *Bhagavadgita*, übersetzt von Robert Boxberger, neu bearbeitet und herausgegeben von Helmuth von Glasenapp, Stuttgart 1955, 18, 53.

3 Bissing, Fr. W. Freiherr von, *Ägyptische Lebensweisheit*, Zürich 1955, S. 93.

4 Nach *Buch der Riten, Sitten und Gebräuche*, herausgegeben und übersetzt von Richard Wilhelm, Köln 2007, S. 151.

5 Nach *Upanishaden*, herausgegeben und eingeleitet von Peter Michel, Übersetzung Paul Deussen, Neuausgabe Stuttgart, 2. Auflage 2007, Kathaka-Up 2,4-6 (348/272).

6 Nach Konfuzius, *Gespräche des Meisters Kung (Lun Yü)*, herausgegeben und übersetzt von Ernst Schwarz, München 1985, zitiert nach Kap. (röm) und Abschnitt (arab), IX, 23.

7 Nach Nestle, Wilhelm, *Griechische Lebensweisheit und Lebenskunst*, Stuttgart 1949, S. 23.

8 Nach Plutarch, *Lebensklugheit und Charakter*, aus den ›Moralia‹, ausgewählt, übersetzt und eingeleitet von Rudolf Schottlaender, Leipzig 1979, S. 203.

9 Nach *Buch der Riten, Sitten und Gebräuche*, herausgegeben und übersetzt von Richard Wilhelm, Köln 2007, S. 347.

Was möchte ich von anderen?

1 Nach *Buch der Riten, Sitten und Gebräuche*, herausgegeben und übersetzt von Richard Wilhelm, Köln 2007, S. 260.

2 Nach *I Ging. Text und Materialien,* übersetzt von Richard Wilhelm, München, 15. Aufl. 1988, S. 274.

3 *Die Vorsokratiker*, ausgewählt und übersetzt von Wilhelm Nestle, Düsseldorf–Köln 1978, S. 167.

4 *Mong Dsi (Mong Ko)*, übersetzt von Richard Wilhelm, Jena 1916, VII A 15 (160).

5 Nach Patañjali, *Die Wurzeln des Yoga*, Übertragung von Bettina

Bäumer, mit einem Kommentar von P.Y. Deshpande, Bern u.a., 7. Auflage 1993, I, 33.

6 *Die Nachsokratiker*, herausgegeben und eingeleitet von Wilhelm Nestle, 2 Bde., Jena 1923, II 86.

7 *Die Nachsokratiker*, herausgegeben und eingeleitet von Wilhelm Nestle, 2 Bde., Jena 1923, II 75.

8 Nach *Buch der Riten, Sitten und Gebräuche*, herausgegeben und übersetzt von Richard Wilhelm, Köln 2007, S. 279.

9 Nach Brüll, Lydia, *Japanische Weisheit*, ausgewählt, übersetzt und herausgegeben von Lydia Brüll, Stuttgart 1999, S. 147.

10 Fritz Karl August, *Weisheiten der Völker*, Köln 2003, S. 22, aus den »Heiteren Liedern zum Brautkranz«.

Was kann ich von anderen erwarten?

1 Seneca, *Philosophische Schriften*, übersetzt von Otto Apelt, Wiesbaden 2004, I 183 (Vom Zorn III 26).

2 Nach Epikur, *Von der Überwindung der Furcht*, übersetzt von Olof Gigon, München 1991, S. 60,12.

3 *I Ging. Text und Materialien*, übersetzt von Richard Wilhelm, München, 15. Aufl. 1988, S. 230.

4 Brihadaranyaka-Upanishaden IV.5, Easwaran Eknathan, *Die Upanischaden*, eingeleitet und übersetzt von Eknathan Easwaran, München 2008 (Widmung).

5 Plutarch, *Lebensklugheit und Charakter,* aus den ›Moralia‹, ausgewählt, übersetzt und eingeleitet von Rudolf Schottlaender, Leipzig 1979, S. 181 (De tranquillitate animi).

6 Bissing, Fr. W. Freiherr von, *Ägyptische Lebensweisheit*, Zürich 1955, S. 109.

7 Seneca, *Philosophische Schriften*, übersetzt von Otto Apelt, Wiesbaden 2004, I 109 (Vom Zorn II 10).

8 Nach Plutarch, *Lebensklugheit und Charakter*, aus den ›Moralia‹, ausgewählt, übersetzt und eingeleitet von Rudolf Schottlaender, Leipzig 1979, S. 95 (Was Feinde nützen können – De capienda ex inimicis utilitate).

9 Seneca, *Philosophische Schriften*, übersetzt von Otto Apelt, Wiesbaden 2004, I 110 (Vom Zorn II 10).

Wie wehre ich mich gegen Anfeindungen?

1 Marc Aurel, *Selbstbetrachtungen*, übertragen mit einer Einleitung von Wilhelm Capelle, Stuttgart 1948, 4,18.
2 Brüll, Lydia, Japanische Weisheit, ausgewählt, übersetzt und herausgegeben von Lydia Brüll, Stuttgart 1999, S. 129.
3 Seneca, *Philosophische Schriften*, übersetzt von Otto Apelt, Wiesbaden 2004, III 116, Brief 31.
4 Demokrit, *Fragmente zur Ethik*, übersetzt von Gred Ibscher, Stuttgart 2007, S. 95, Fr. 213.
5 Konfuzius, *Gespräche,* herausgegeben und übersetzt von Ralf Moritz, Reclam, Ditzingen 2005, XIV 4.
6 Nach Brüll, Lydia, *Japanische Weisheit,* ausgewählt, übersetzt und herausgegeben von Lydia Brüll, Stuttgart 1999, S. 194.

Sind Ärger und Zorn hilfreich?

1 Laotse, *Tao te king,* übersetzt von Richard Wilhelm, München 1998, zitiert nach Abschnitt, 49; im Text steht »Der Berufene« anstelle von »Der Weise«.
2 (Goethe) Nach Grimm, Hermann, *Goethe. Vorlesungen*, Berlin, 3. Auflage 1882, S. 477.
3 (tat tvam asi) Etwa Chandogya-Upanishaden 4,2.1-2.2, in Easwaran, Eknathan, *Die Upanischaden*, eingeleitet und übersetzt von Eknathan Easwaran, München 2008, S. 250. Vgl. Paul Deussen: »... die Worte tat tvam asi gelten mit Recht als die Summa aller Upanishadenlehren«, in *Upanishaden,* herausgegeben und eingeleitet von Peter Michel, Übersetzung Paul Deussen, Neuausgabe Stuttgart, 2. Aufl. 2007, S. 215/157.
4 Marc Aurel, *Selbstbetrachtungen*, übertragen mit einer Einleitung von Wilhelm Capelle, Stuttgart 1948, 10,30: *»Wenn du an den Feh-*

lern eines anderen Anstoß nimmst, dann wende dich alsbald zu dir selber und überlege, ob du ähnliche Fehler hast: zum Beispiel, ob du das Geld für ein Gut hältst oder die Lust oder das bisschen Ruhm und dergleichen. Denn wenn du darauf deine Gedanken richtest, wirst du schnell deinen Zorn vergessen, wenn dir dabei einfällt, dass jener unter einem Zwang steht. Denn was soll er machen? Oder, wenn du kannst, nimm den Zwang von ihm.«

5 Nach Brüll, Lydia, *Japanische Weisheit,* ausgewählt, übersetzt und herausgegeben von Lydia Brüll, Stuttgart 1999, S. 189.

6 Seneca, *Philosophische Schriften*, übersetzt von Otto Apelt, Wiesbaden 2004, IV 164, Brief 95; das Dichterwort stammt von Terenz, der es wohl von dem griechischen Komödiendichter Menander übernommen hat.

7 Nach Marc Aurel, *Selbstbetrachtungen,* übertragen mit einer Einleitung von Wilhelm Capelle, Stuttgart 1948, 9,27.

8 Nach Wilhelm Nestle, *Griechische Lebensweisheit und Lebenskunst*, zusammengestellt und übersetzt von Wilhelm Nestle, Stuttgart 1949, S. 128 f. (aus dem Platonischen Dialog »Phaidon«): Kurz vor seinem Tod antwortete Sokrates auf die Frage seines Freundes Kriton, ob er, Sokrates, noch einen Auftrag für die zurückbleibenden Freunde habe etwa im Hinblick auf seine Kinder oder sonst jemanden: *»Was ich immer sage, lieber Kriton, erwiderte er, nichts Besonderes: Dass ihr, wenn ihr auf euch selbst acht habt, auch mir und den Meinigen und euch selbst alles, was ihr tut, am meisten zu Gefallen tun werdet, auch wenn ihr mir jetzt nicht zustimmt. Wenn ihr dagegen euch selbst gehen lasst und nicht den Willen habt, nach den (weisen) Grundsätzen, die wir heute und auch früher schon besprochen haben, zu leben, gewissermaßen wie man Fußspuren nachgeht, so werdet ihr nichts zustande bringen ...«*

9 Brunner, Hellmut, *Die Weisheitsbücher der Ägypter. Lehren für das Leben,* übersetzt und erläutert von Hellmut Brunner, Düsseldorf/Zürich 1991, S. 267.

10 Nach *Die Nachsokratiker,* herausgegeben und eingeleitet von Wilhelm Nestle, 2 Bde., Jena 1923 (II 242): *»Und so hat er (Gott) denn allgemein die Natur des vernunftbegabten Wesens so veranlagt, dass es kein Gut für sich selbst erlangen kann, ohne etwas zum allgemeinen*

Nutzen beizutragen. Auf diese Weise handelt man nicht gegen das allgemeine Interesse, auch wenn man alles um seiner selbst willen tut.«

11 Bissing, Fr. W. Freiherr von, *Ägyptische Lebensweisheit,* Zürich 1955, S. 109.

12 Brihadaranyaka-Up. 4,4,23, zitiert nach: Easwaran, Eknathan, *Die Upanischaden*, eingeleitet und übersetzt von Eknathan Easwaran, München 2008, S. 71.

Wie gehe ich mit dem um, was ich nicht ändern kann?

1 Kungfutse, *Schulgespräche,* übersetzt von Richard Wilhelm, Düsseldorf–Köln 1961, 14,3; im Text steht der »Heilige« statt der »Weise« ohne größeren Unterschied.

2 Epiktet, *Unterredungen und Handbüchlein der Moral,* herausgegeben von Alexander von Gleichen=Rußwurm; Übersetzung Enk und Conz, S. 285 (Handbüchlein 5).

3 Zhuangzi, *Das wahre Buch vom südlichen Blütenland*, übersetzt von Richard Wilhelm, Neuausgabe Kreuzlingen/München 2006, XVII 8.

4 Nach *Bhagavadgita,* übersetzt und herausgegeben von Klaus Mylius, Wiesbaden (Leipzig 1979), 5, 20–23.

5 Luck, Georg, *Die Weisheit der Hunde*, Stuttgart 1997, S. 285.

6 Konfuzius, *Gespräche,* herausgegeben und übersetzt von Ralf Moritz, Reclam, Ditzingen 2005, IX 22.

7 Brunner, Hellmut, *Die Weisheitsbücher der Ägypter. Lehren für das Leben,* übersetzt und erläutert von Hellmut Brunner, Düsseldorf/Zürich 1991, S. 209.

8 Nach *Bhagavadgita,* übersetzt und herausgegeben von Klaus Mylius, Wiesbaden (Leipzig 1979), 18,26.

9 Zhuangzi, *Das wahre Buch vom südlichen Blütenland*, übersetzt von Richard Wilhelm, Neuausgabe Kreuzlingen/München 2006, XVI 4.

10 Nach Yamamoto Tsunetomo, *Hagakure. Das Buch des Samurai,* übertragen von Kenzo Fukai, Augsburg 2001, S. 34.

11 *I Ging. Text und Materialien*, übersetzt von Richard Wilhelm, München, 15. Aufl. 1988, S. 230.

Wie reagiere ich auf Rückschläge und Niederlagen?

1 Nach Brunner, Hellmut, *Die Weisheitsbücher der Ägypter. Lehren für das Leben,* übersetzt und erläutert von Hellmut Brunner, Düsseldorf/Zürich 1991, S. 326 f. Text geringfügig geändert.

2 *Buch der Riten, Sitten und Gebräuche*, herausgegeben und übersetzt von Richard Wilhelm, Köln 2007, S. 222.

3 Bissing, Fr. W. Freiherr von, *Ägyptische Lebensweisheit,* Zürich 1955, S. 95.

4 Konfuzius, *Gespräche*, herausgegeben und übersetzt von Ralf Moritz, Reclam, Ditzingen 2005, VI 29; im Text steht »Tugend« statt »Weisheit«; ich setze auch sonst beide Begriffe gleich, »weil die Weisheit gleichsam die Seele jeder Tugend ist« (Apelt, in Platon, *Sämtliche Dialoge*, herausgegeben von Otto Apelt, 7 Bde., Hamburg 1993, Anm. 78 zu Platon, Staat, 444 C ff.).

5 Hesiod, *Sämtliche Werke,* übersetzt von Thassilo von Scheffer, Wiesbaden 1947, zitiert nach Werk und Vers, Werke und Tage 694.

6 Laotse, *Tao te king,* übersetzt von Richard Wilhelm, München 1998, zitiert nach Abschnitt, 29; statt der »Weise« steht im Text der »Berufene«.

7 Brüll, Lydia, *Japanische Weisheit,* ausgewählt, übersetzt und herausgegeben von Lydia Brüll, Stuttgart 1999, S. 136.

8 Nach Kungfutse, *Schulgespräche*, übersetzt von Richard Wilhelm, Düsseldorf–Köln 1961, 7,7.

9 Nestle, Wilhelm, *Die Sokratiker,* Jena 1922, S. 163.

Gibt es auch gegen schwere Schicksalsschläge ein Rezept?

1 Luck, Georg, *Die Weisheit der Hunde,* Stuttgart 1997, S. 237.

2 Konfuzius, *Gespräche,* herausgegeben und übersetzt von Ralf Moritz, Reclam, Ditzingen 2005, XIX 14.

3 Fritz Karl August, *Weisheiten der Völker*, Köln 2003, S. 52.

4 Nach Konfuzius, *Gespräche*, herausgegeben und übersetzt von Ralf Moritz, Reclam, Ditzingen 2005, XIX 17.

5 Brüll, Lydia, *Japanische Weisheit,* ausgewählt, übersetzt und herausgegeben von Lydia Brüll, Stuttgart 1999, S. 200.

6 Ebener, Dietrich, *Griechische Lyrik,* Sonderausgabe, Bayreuth 1985, S. 441.

7 Nach Plutarch, *Lebensklugheit und Charakter,* aus den ›Moralia‹, ausgewählt, übersetzt und eingeleitet von Rudolf Schottlaender, Leipzig 1979, S. 33 (Consolatio ad uxorem).

Wie gehe ich mit einer Trennung um?

1 Laotse, *Tao te king,* übersetzt von Richard Wilhelm, München 1998, Abschnitt 26, Übersetzung Victor von Strauß, Zürich 1959.

2 Publilius Syrus, aus Fritz Karl August, *Weisheiten der Völker*, Köln 2003, S. 349.

3 Nach Shankara, *Das Kleinod der Unterscheidung,* Einführung Swami Prabhavananda und Christopher Isherwood, Nachwort Kurt Friedrichs, Bern u.a. 1981, S. 68.

4 Nach Brüll, Lydia, *Japanische Weisheit*, ausgewählt, übersetzt und herausgegeben von Lydia Brüll, Stuttgart 1999, S. 188.

5 Nach Zhuangzi, *Das wahre Buch vom südlichen Blütenland,* übersetzt von Richard Wilhelm, Neuausgabe Kreuzlingen/München 2006, VI 1.

6 Dürckheim, Karlfried Graf, *Wunderbare Katze und andere Zen-Texte*, 10. Aufl. Bern u.a. 1994, S. 68.

7 Yoshida Kenko, aus *Die Weisheit Japans*, Wilhelm Heyne Verlag, München 1979 (ohne Seitenangaben).

8 Nach *Reden des Buddha*, aus dem Pâli-Kanon übersetzt von Ilse-Lore Gunsser, Stuttgart 1957, S. 77.

9 Brüll, Lydia, *Japanische Weisheit*, ausgewählt, übersetzt und herausgegeben von Lydia Brüll, Stuttgart 1999, S. 169.

10 Plutarch, *Lebensklugheit und Charakter,* aus der ›Moralia‹, ausgewählt, übersetzt und eingeleitet von Rudolf Schottlaender, Leipzig 1979, S. 33 (Consolatio ad uxorem).

11 Luck, Georg, *Die Weisheit der Hunde,* Stuttgart 1997, S. 78 (Plutarch).

1 Brunner, Hellmut, *Die Weisheitsbücher der Ägypter. Lehren für das Leben,* übersetzt und erläutert von Hellmut Brunner, Düsseldorf/Zürich 1991, S. 114; statt »Menschen« steht im Text »Mann«.

2 Brunner, Hellmut, *Die Weisheitsbücher der Ägypter. Lehren für das Leben,* übersetzt und erläutert von Hellmut Brunner, Düsseldorf/Zürich 1991, S. 290.

3 Liä Dsi, *Das wahre Buch vom quellenden Urgrund*, übersetzt von Richard Wilhelm, Düsseldorf 1968, VI 6.

4 *Die Nachsokratiker,* herausgegeben und eingeleitet von Wilhelm Nestle, 2 Bde., Jena 1923, II 230.

5 *Der Gelbe Kaiser. Das Grundlagenwerk der chinesischen Medizin,* herausgegeben, kommentiert und übersetzt von Maoshing Ni, aus dem Englischen von Ingrid Fischer-Schreiber, Bern u.a., 2. Aufl. 1999, Titel der Originalausgabe »The Yellow's Emperor's Classic of Medicine«, Boston 1995, zitiert nach Kapitel und Seitenzahl (in Klammern), S. 44.

6 *Reden des Buddha*, aus dem Pâli-Kanon übersetzt von Ilse-Lore Gunsser, Stuttgart 1957, S. 70.

7 Shankara, *Das Kleinod der Unterscheidung,* Einführung Swami Prabhavananda und Christopher Isherwood, Nachwort Kurt Friedrichs, Bern u.a. 1981, S. 9 f.

8 Tao-Tê-King. Das Heilige Buch vom Weg und von der Tugend, übersetzt von Günther Debon, Stuttgart 1961, S. 13.

9 Brüll, Lydia, *Japanische Weisheit*, ausgewählt, übersetzt und herausgegeben von Lydia Brüll, Stuttgart 1999, S. 245.

10 *Mong Dsi (Mong Ko)*, übersetzt von Richard Wilhelm, Jena 1916, VII A 18 (S. 160).

11 Nach Platon, *Sämtliche Werke*, herausgegeben von Erich Loewenthal, 3 Bde., Köln, 6. Aufl. 1969, zitiert nach Buch und Ziffer der Stephanusausgabe sowie nach Band und Seitenzahl, Phaidon 60, I 734: *»Sokrates aber, auf dem Bette sitzend, zog das Bein an sich und rieb sich den Schenkel mit der Hand, indem er zugleich sagte: Was für ein eigenes Ding, ihr Männer, ist es doch um das, was die Menschen angenehm nennen, wie wunderlich es sich verhält zu dem, was ihm ent-*

gegengesetzt zu sein scheint, dem Unangenehmen, daß nämlich beide zu gleicher Zeit zwar nie in dem Menschen sein wollen, doch aber, wenn einer dem einen nachgeht und es erlangt, er meist immer genötigt ist, auch das andere mitzunehmen, als ob die zwei an einer Speerspitze zusammengeknüpft wären; und ich denke, wenn Aisopos (Äsop, der Dichter berühmter Tierfabeln) dies bemerkt hätte, würde er eine Fabel daraus gemacht haben, daß Gott beide, da sie im Kriege begriffen sind, habe aussöhnen wollen und, weil er dies nicht gekonnt, sie an den Enden zusammengeknüpft habe, und deshalb nun, wenn jemand das eine hat, komme ihm das andere nach. So scheint es nun auch mir gegangen zu sein: weil ich von der Fessel in dem Schenkel vorher Schmerz hatte, so kommt mir nun die angenehme Empfindung hintennach.«

12 Xenophon, *Erinnerungen an Sokrates,* übersetzt von Rudolf Preiswerk mit einem Nachwort von Walter Burkert, Reclam 1992, S. 107.